Il Manuale del

TATUAGGIO POLINESIANO

TattooTribes.com

2016

ISBN-13: 978-88-942056-7-1

ISBN-10: 88-942056-7-3

foto di copertina:

© gmwnz - Fotolia.com

foto capitolo 1:

© rossco - Fotolia.com

foto capitolo 2:

per cortesia di Antonio Festa

foto capitolo 4:

© modestlife - Fotolia.com

Tutte le immagini sono di TattooTribes ispirate a motivi tradizionali

CONTENUTI

Mate atu he tetekura, ara mai he tetekura

"Quando una felce muore, un'altra prende il suo posto"

"La vita continua nei nostri figli"

1 PREFAZIONE

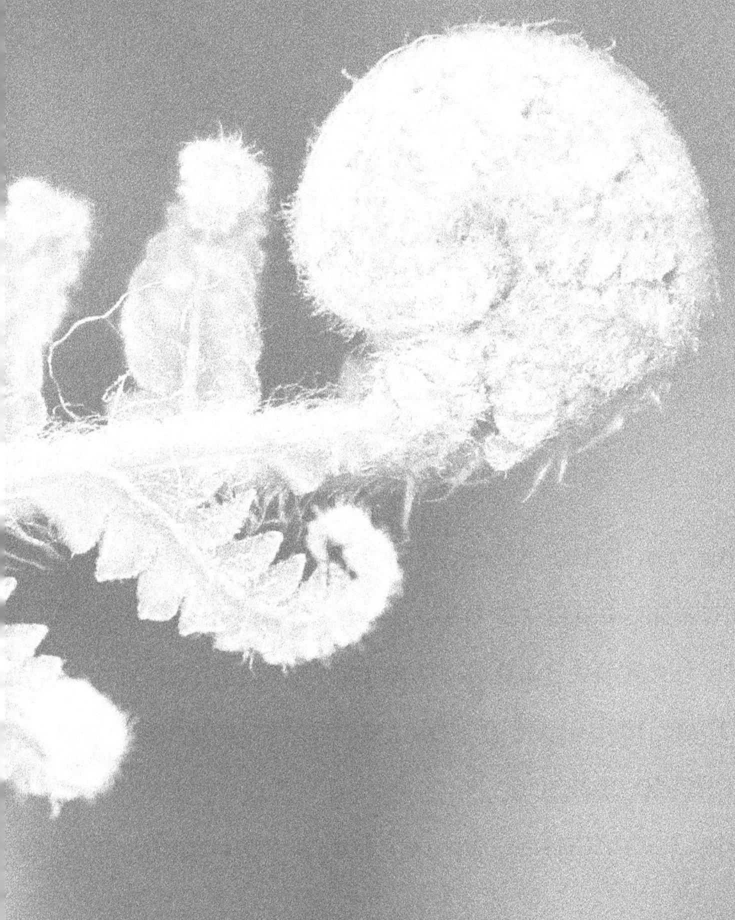

"Mate atu he tetekura, ara mai he tetekura"
—Quando una felce muore, un'altra prende il suo posto:
La vita continua nei nostri figli.

La Polinesia è una sottoregione dell'Oceania e comprende un vasto insieme di oltre 1000 isole sparpagliate nell'Oceano Pacifico centrale e meridionale in un'area compresa tra Nuova Zelanda, Hawaii e Isola di Pasqua. I popoli che abitano le isole della Polinesia sono detti polinesiani e condividono molti tratti simili, tra cui la lingua, la cultura e le credenze.

Le lingue polinesiane possono di fatto variare leggermente una dall'altra, o molto, a seconda della distanza tra i gruppi di isole e della frequenza dei loro contatti. Ci sono però alcune parole che sono fondamentalmente le stesse in tutte le lingue polinesiane, e riflettono il nucleo più profondo di tutte queste culture.
Due emblematiche sono *moana* (oceano) e *mana* (forza spirituale, energia).
È interessante notare quanto simili siano queste due parole, anche se non dovremmo sorprenderci se pensiamo alla relazione profonda che lega questi popoli e l'oceano.
L'oceano garantisce la vita.

È il posto dove si nasce e dove si riposa.
Rappresenta abbondanza, prosperità e protezione ed è vitale per l'uomo come l'aria che respira.
I tatuaggi polinesiani riflettono fortemente questo legame.
Sia nello stile tradizionale (con motivi più stilizzati e geometrici) che nello stile moderno (più figurativo, come quello mostrato in questo libro), le creature marine hanno un ruolo fondamentale in questi tatuaggi. Squali, mante, bonito, ricci di mare... ognuno di loro ha un significato legato alla sua natura ed incarna quel significato, passandolo al portatore del tatuaggio.
I tatuaggi polinesiani diventano così un modo per raccontare storie (fino a diventare una carta d'identità illustrata nella pelle nel caso del tatuaggio facciale maori), o un modo per assicurare forza, protezione e poteri attraverso al vincolo creato con le altre creature.

Un altro elemento importante da considerare è l'*aumakua*. Un *aumakua* è un entità dotata di poteri soprannaturali (di solito un antenato divinizzato o uno spirito) che si mostra agli uomini, solitamente sotto forma di animale, per portare loro consigli, presagi e, talvolta, punizioni.
Nel caso di antenati divinizzati, le famiglie manterranno nel tempo un rapporto speciale con i propri specifici animali, che spesso sono squali, tartarughe, razze o altre creature marine.
L'atteggiamento verso gli *aumakua* può variare grandemente da isola

a isola: alcuni considerano tatuare i propri *aumakua* di buon auspicio, una garanzia di protezione, mentre altri lo considerano *tapu* (sacro, ma anche vietato) e quindi evitano di tatuarli sul proprio corpo.
Il ruolo degli *aumakua* non è poi così diverso da quello degli animali totemici dei nativi americani.
Portano messaggi, guidano e proteggono. Dobbiamo imparare la loro lezione e rispettarli al fine di preservare il legame con loro ed esserne protetti.
Il rispetto per la natura e le sue creature svolge un ruolo importante nelle culture polinesiane, così come l'equilibrio ed unione con tutto ciò che ci circonda.

Tutto questo va tenuto in considerazione quando si prepara un tatuaggio di ispirazione polinesiana.

Per un disegno *rigorosamente* tradizionale andrebbe contattato un *tafuga* (maestro di tatuaggi) nativo, perché la tradizione antica viene tramandata da maestro a discepolo e coinvolge molta più conoscenza di quella che può essere incorporata in un libro.
Lo stile dei tatuaggi varia da isola a isola a seconda di quanto le diverse tradizioni si siano differenziate dai disegni originali comuni derivanti presumibilmente da una precedente cultura archeologica del Pacifico conosciuta come Lapita.

Gli stili tradizionali più vicini alle origini consistono principalmente di linee rette e si basano molto sulla ripetizione di alcuni disegni di base, il cui significato è spesso dimenticato o controverso.
Buoni esempi di questi stili geometrici si trovano nel tatuaggio samoano e hawaiano, o nei tatuaggi di Palau, Fiji, Tonga, tanto per citarne alcuni.
I tatuaggi maori e marchesiani invece sono ricchi di elementi arrotondati e condividono uno stile più figurativo. Nel caso delle isole Marchesi abbiamo fondamentalmente due stili, dei quali quello di Hiva Oa è il più elaborato e attualmente anche il più utilizzato.

Il tatuaggio è sempre stato considerato un rituale sacro, un modo per mostrare al mondo il proprio coraggio, lignaggio ed azioni, così come un mezzo di comunicazione con gli dèi.
I maestri tatuatori erano persone molto importanti dal momento che conoscevano il significato dei simboli e dei motivi e come relazionarli tra loro per realizzare un'opera d'arte personale carica di significato per ogni uomo o donna. Passavano la loro conoscenza "verticalmente", cioè di padre in figlio, da maestro a discepolo, senza diffonderla ampiamente, a causa della sua natura sacra.
Purtroppo questo e i divieti seguenti alla colonizzazione europea hanno causato la perdita di gran parte di questa conoscenza.
Abbiamo ancora traccia di molti motivi ed elementi, ma pochissimi possono essere associati ad un significato specifico oltre ogni dubbio.

In alcuni casi troviamo aiuto in altre forme d'arte come le decorazioni su stoffa *kapa*: disegni utilizzati per i tatuaggi sono stati spesso utilizzati anche su altri supporti e ne conserviamo traccia, conosciamo i loro nomi (molto simili alla loro versione di tatuaggio corrispondente), la loro simbologia e, talvolta, il loro significato, ma non possiamo purtroppo dare per scontato che coincidano sempre.
Per questo motivo questo libro non si concentra su uno stile specifico.
Raccoglie simboli, motivi ed elementi provenienti da diverse culture e stili del Pacifico, selezionando quelli che sono più ampiamente conosciuti e utilizzati; dal momento che gli stessi simboli possono avere significati diversi in culture diverse, elencheremo qui quelli principali, con note sulla simbologia più frequentemente associata e con particolare attenzione alla loro collocazione sul corpo, alla relazione tra i diversi simboli e a come sceglierli per creare un disegno significativo che va al di là della semplice estetica per raccontare storie, con esempi di vita reale e casi di studio spiegati in dettaglio.

Va poi aperta una breve parentesi su come incorporare nomi e lettere nei disegni polinesiani.
Dal momento che le culture polinesiane non hanno alfabeti scritti, i tatuaggi tradizionali polinesiani non ne includevano.

Come possiamo allora gestirli?

Come possono diventare parte di un disegno in stile polinesiano senza spezzarne la continuità, senza sembrare fuori luogo?

La soluzione scelta da noi si chiama *maorigramma*.
L'appendice del libro se ne occupa in dettaglio, con istruzioni passo a passo che spiegano come crearli.

Ko main kai atu ko maru kai mai ka ngohengohe

“Dai tanto quanto prendi e tutto andrà bene”

"Non essere egoista, vivi una vita equilibrata"

2 POSIZIONAMENTO SUL CORPO

"Ko main kai atu ko maru kai mai ka ngohengohe"
—***Dai tanto quanto prendi e tutto andrà bene****:*
Non essere egoista, vivi una vita equilibrata.

Il posizionamento sul corpo gioca un ruolo importante nel tatuaggio polinesiano. Esistono vari elementi che ereditano un significato specifico in base alla loro collocazione e anche il rapporto tra gli elementi e il loro posizionamento relativo influisce sul significato di un tatuaggio.

Gli esseri umani sono figli di Rangi (Cielo) e Papa (Terra), che un tempo erano uniti. Compito dell'uomo è ritrovare questa unione e il corpo può idealmente essere visto come un legame tra di loro, dove la parte superiore è legata al mondo spirituale e a Rangi, e la parte inferiore è legata al mondo materiale e a Papa, come in molte culture di tutto il mondo. Il posizionamento di alcuni elementi sul corpo, ad esempio di quelli genealogici sul retro delle braccia, suggerisce che la parte posteriore possa venire correlata al passato e quella anteriore al futuro.
La sinistra è di solito associata al femminile e la destra al maschile.
Un tatuaggio dovrebbe quindi riflettere equilibrio e unione, con elementi relativi sia a Rangi che a Papa; anche la posizione dei tatuaggi sul corpo cerca spesso il bilanciamento: un tatuaggio sulla gamba sinistra potrebbe essere accompagnato da un altro sul braccio destro, e così via.

Vediamo il corpo in dettaglio:

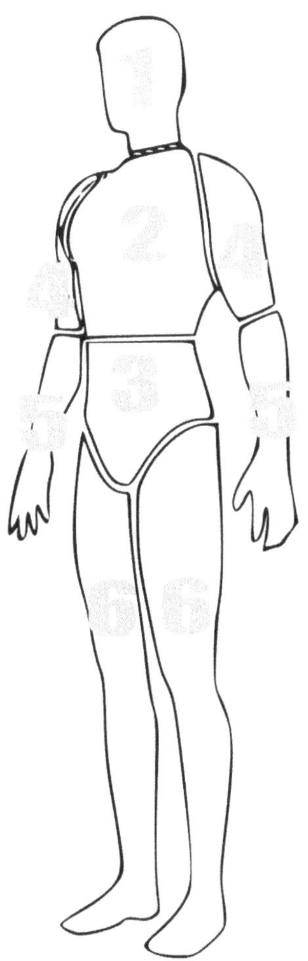

1. Testa

È il nostro contatto con Rangi e come tale è legata a **spiritualità**, **conoscenza**, **saggezza** e **intuizione**.

I Maori danno grande importanza alla testa e al volto e il loro tatuaggio facciale, chiamato *Tā Moko*, rappresenta una carta d'identità della persona, con informazioni sul suo status, le sue imprese, i suoi antenati e perfino le loro imprese e la loro discendenza. Per questo motivo copiare un tatuaggio facciale è considerato molto offensivo: è come rubare l'identità di qualcuno, sostenendo che la sua propria storia appartenga a un altro.

2. Parte superiore del torso

Al di sopra dell'ombelico e sul petto.
Correlato a **generosità**, **sincerità**, **onore**, **gioia** e **riconciliazione**. Si trova tra Rangi e Papa e per avere armonia tra di loro, deve esistere equilibrio in questa zona.

3. Parte inferiore del torso

Zona del bacino compresa tra le cosce e l'ombelico.
Questa parte del corpo è associata all'**energia vitale**, al **coraggio**, a **sessualità** e **procreazione**, all'**indipendenza**.
Le cosce, in particolare, sono legate a **forza** e **matrimonio**.
Il ventre è dove ha origine il *mana* e l'ombelico rappresenta **indipendenza** per via del significato simbolico associato al taglio del cordone ombelicale. Una nota va aggiunta a questo proposito:

l'indipendenza ha valenza positiva nella società polinesiana come in quasi ogni altra, mentre l'individualismo no. Tutti i popoli che dipendono dal mare per vivere conoscono l'importanza della socialità. I popoli polinesiani hanno costruito tutta la loro cultura intorno a questo. La famiglia diventa quindi un gruppo allargato, dove anche vicini e amici giocano un ruolo importante. Una famosa parola per definire questa famiglia allargata viene dalle Hawaii: é *'Ohana*, e indica il gruppo familiare di persone, parenti, consanguinei e amici che collaborano a crescere i bambini, sia con cibo che con insegnamenti.

4. Parte alta delle braccia e spalle

Spalle e braccia al di sopra del gomito sono associate a **forza** e **coraggio** e si relazionano con i guerrieri, i capi.
La parola maori *kikopuku* utilizzata per designare questa parte è formata dall'unione delle parole *kiko* (carne, corpo) e *puku* (gonfio). *Puku*, come prefisso o suffisso, viene utilizzato anche come intensificatore della parola che qualifica, suggerendo l'idea di braccia forti.

5. Avambracci e mani

Dal gomito in giù.
La stessa parola è usata per riferirsi sia al braccio che alla mano.
Questa parte del corpo è legata a **creatività**, **creazione**, **fare cose**.

6. Gambe e piedi

Viene usata la stessa parola per indicare sia gambe che piedi. Rappresentano **andare avanti**, **progredire**, **trasformazione**. Sono anche legati a **separazione** e **scelta**.
I piedi, essendo il nostro contatto con Papa, Madre Natura, sono anche relazionati alla **concretezza** ed alle **cose materiali**.

Giunture

Le giunture rappresentano solitamente **unione**, **contatto**.
Se guardiamo il corpo come un riflesso della società, possiamo capire perché le articolazioni, essendo i punti in cui diverse ossa si incontrano, rappresentano diversi gradi di relazione tra gli individui: maggiore la distanza dalla testa (il capo della famiglia) meno stretto il grado di parentela, o minore lo stato sociale.
Caviglie e polsi rappresentano **legame** e braccialetti posizionati in queste aree (il motivo a scacchi in particolare) spesso simboleggiano **impegno**.
Le ginocchia sono di solito associate ai capi (inginocchiarsi davanti a loro).

Nota a margine:
il posizionamento tradizionale non dovrebbe impedirci di collocare i tatuaggi su qualsiasi parte del corpo che riteniamo migliore per noi: siamo convinti che ogni progetto debba avere significato per il suo portatore prima che per chiunque altro.

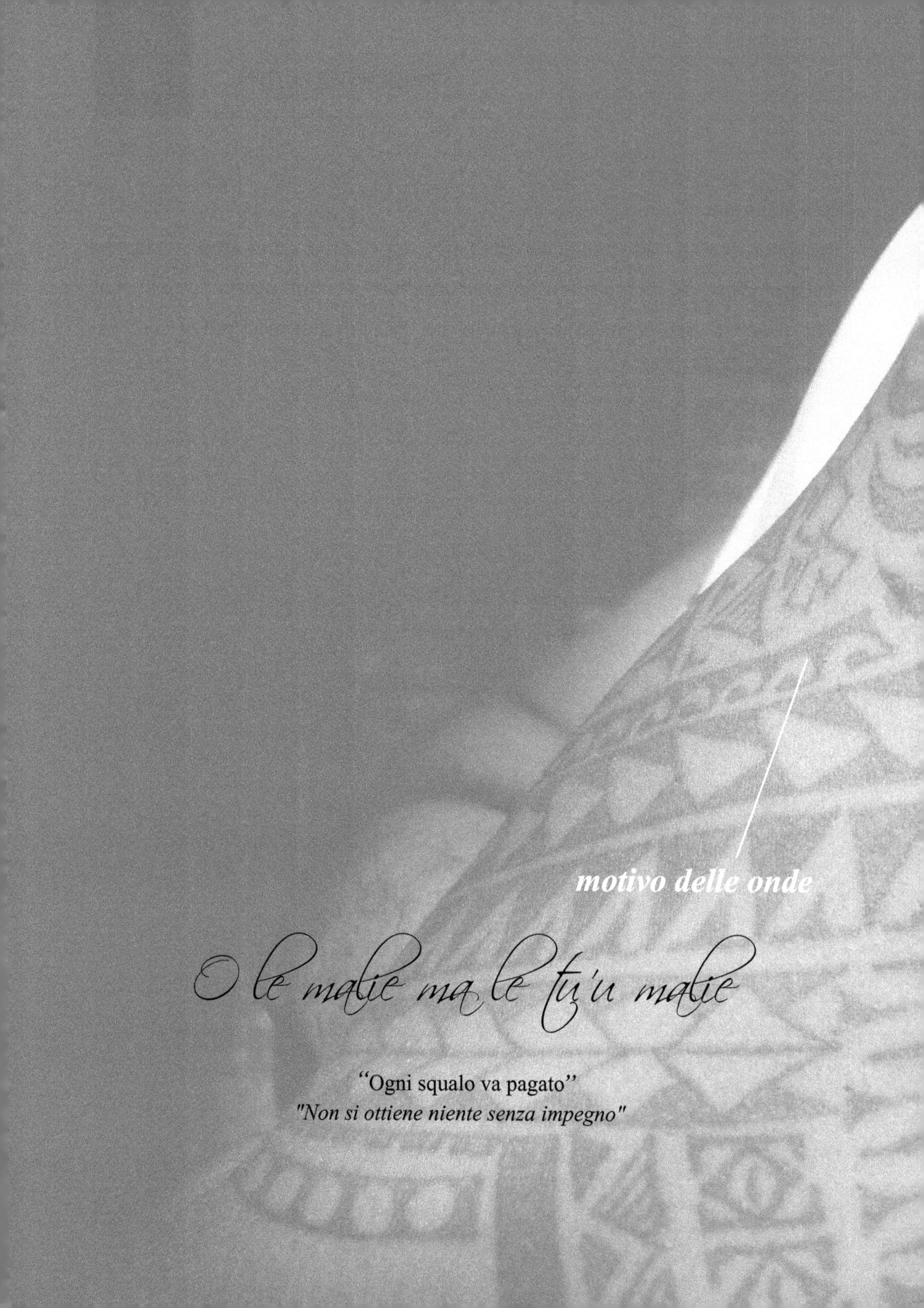

motivo delle onde

O le malie ma le tu'u malie

"Ogni squalo va pagato"

"Non si ottiene niente senza impegno"

motivo delle punte di lancia

motivo dei denti di squalo

"O le malie ma le tu'u malie"
—***Ogni squalo va pagato**:*
Non si ottiene niente senza impegno.

Questo capitolo fornisce un breve elenco dei simboli e motivi più comuni utilizzati nei tatuaggi, raccolti nell'intera Oceania, insieme ai significati che gli vengono solitamente associati.
Esistono molti altri simboli e motivi oltre a quelli qui riportati, ma o il loro significato non è conosciuto o non possiamo esserne ragionevolmente sicuri. Dal momento che l'Oceania ha decine di isole principali e centinaia minori, è quasi impossibile associare un significato univoco ad ogni elemento. Per questa ragione è quasi impossibile "leggere" un tatuaggio esistente, essendo fortemente correlato alle decisioni e alle scelte del tatuatore che lo ha creato, anche se il significato generale può comunque essere intuito dagli elementi principali che incorpora. Gran parte dei simboli conosciuti deriva dalla tradizione delle isole Marchesi e si basa sulla raccolta più completa che abbiamo del tatuaggio polinesiano, pubblicata nel 1928 da Karl von den Steinen sulla base degli appunti presi durante la sua spedizione alle Marchesi del 1897-1898.

Figure umane

Enata

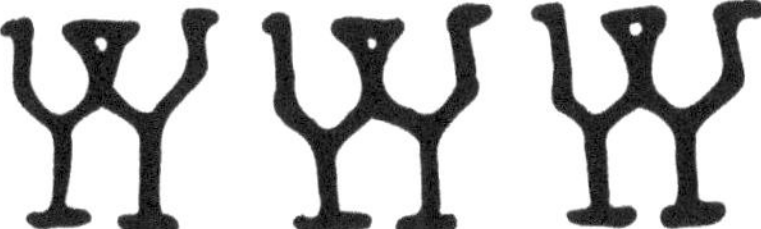

Le figure umane, o *enata* in lingua marchesiana, rappresentano uomini, donne e a volte dèi. Possono venire usate in un tatuaggio per rappresentare le persone e le loro relazioni: amici, parenti, persone care. Disegnate a testa in giù possono essere utilizzate invece per rappresentare i nemici sconfitti.

I seguenti esempi mostrano l'evoluzione del simbolo dalla sua rappresentazione pittorica alla versione stilizzata comunemente usata:

Prima semplificazione:

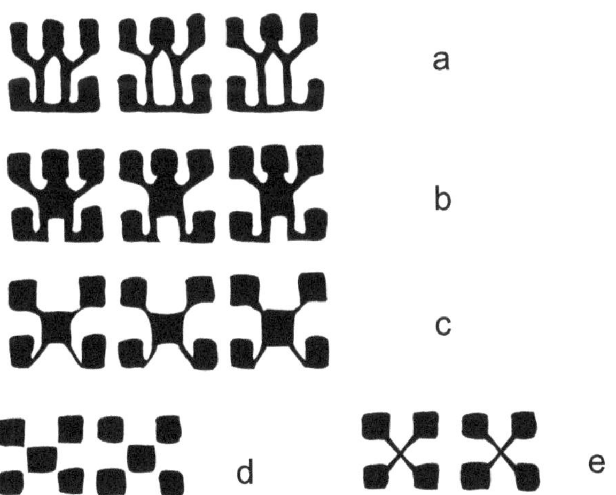

Seconda semplificazione:

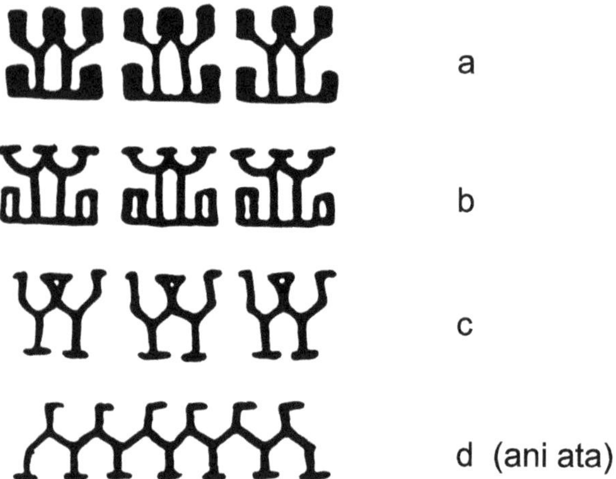

Enata molto stilizzati uniti in una fila di persone che si tengono per mano formano il motivo chiamato *ani ata*, "cielo nuvoloso": Rangi (Cielo) e Papa (Terra), un tempo giacevano strettamente abbracciati ed i loro figli vivevano tra di loro nel buio, fino a che un giorno alcuni semidèi li separarono spingendo Rangi verso l'alto per lasciare entrare la luce. Questo concetto di fila di elementi correlato al cielo è presente in tutte le culture polinesiane e una fila di *enata* a semicerchio viene comunemente usata per rappresentare il cielo e gli antenati che vegliano sui propri discendenti:

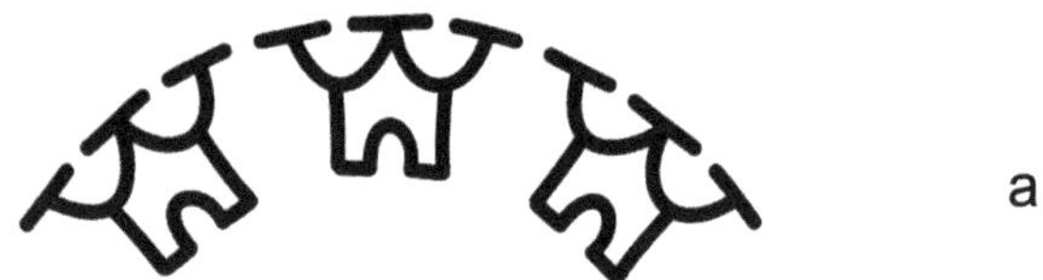

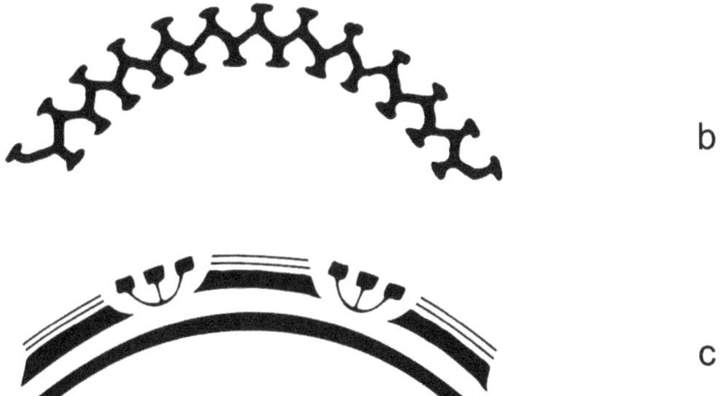

b

c

Due figure umane accoppiate specularmente vengono utilizzate tradizionalmente per rappresentare il matrimonio:

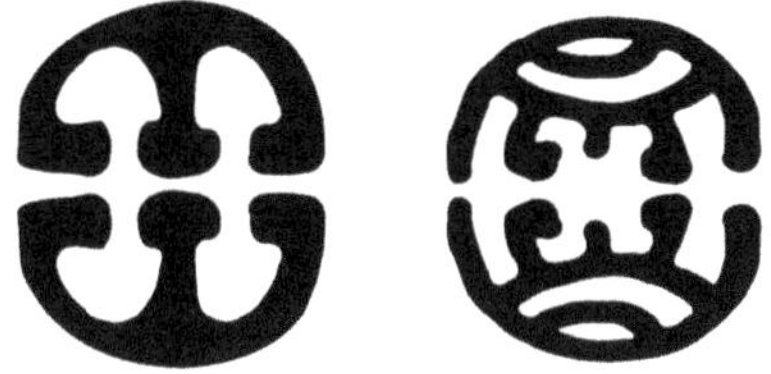

L'uomo e la donna sono a volte differenziati, soprattutto quando viene rappresentata una coppia:

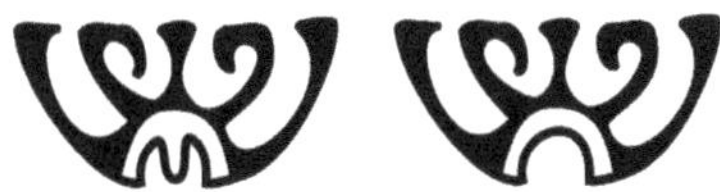

Altre versioni di figure umane vengono spesso utilizzate per rappresentare un guerriero, soprattutto quando impugna una lancia sopra la testa (vedi anche la voce successiva, guerriero):

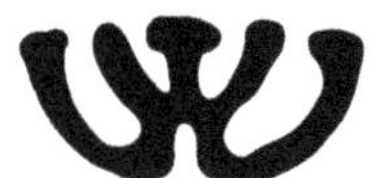

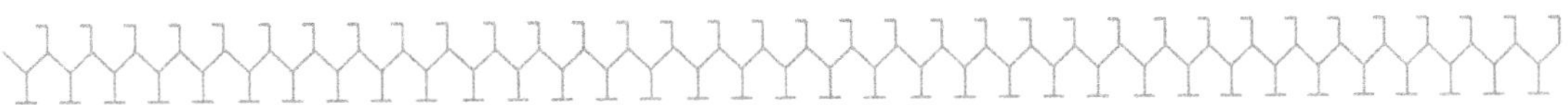

Guerriero

Kena

Kena è un eroe mitologico marchesiano e lo stesso nome è dato al simbolo che lo rappresenta, e che identifica il guerriero:

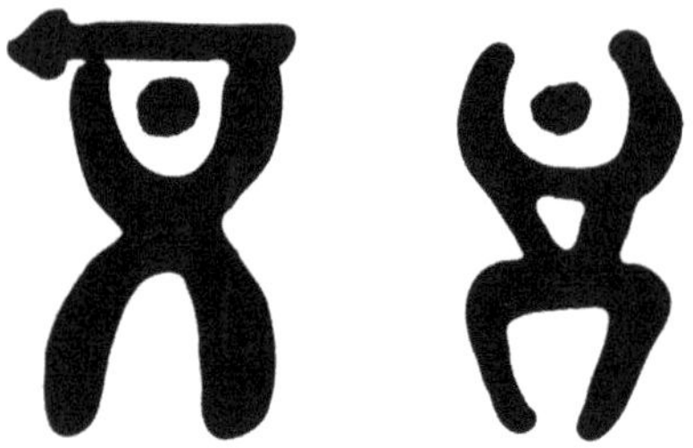

Dal *kena* si originano i seguenti motivi semplificati, stilizzatissimi nella versione B in cui vengono mostrati solo tronco, testa e braccia:

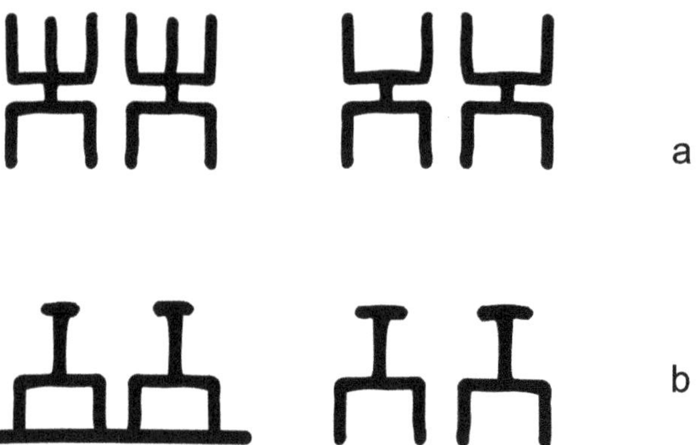

Punte di lancia

Un altro simbolo classico usato per il guerriero è la lancia:

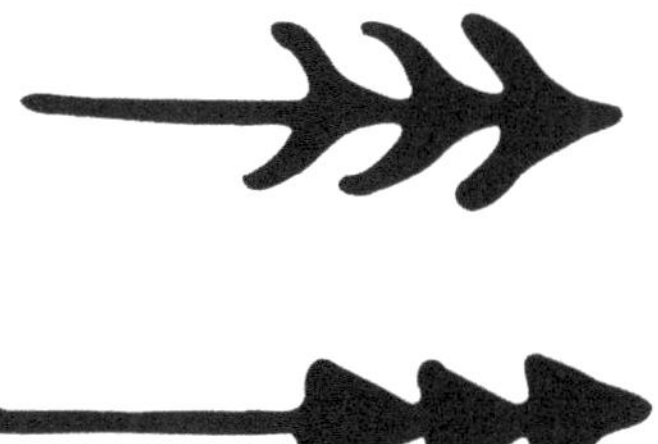

Viene spesso stilizzata come una fila di punte di lancia, di cui mostriamo di seguito alcune varianti:

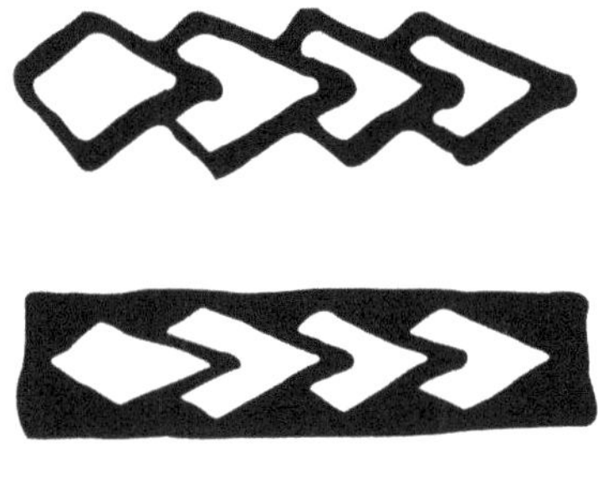

Le punte di lancia simboleggiano gli oggetti taglienti e possono essere utilizzate per rappresentare il pungiglione di alcune razze e gli animali maschi.

Ascia

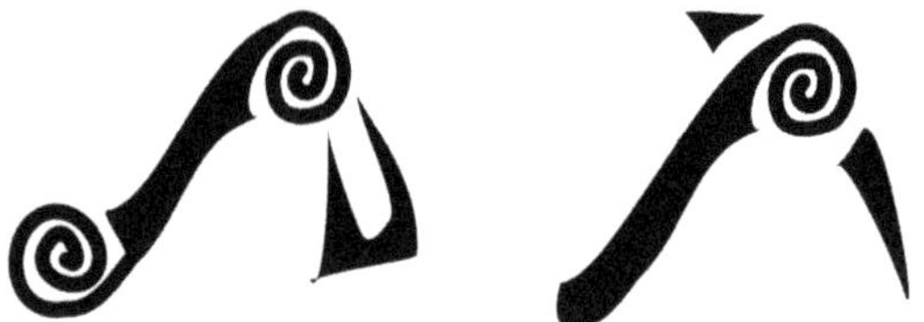

Le asce di pietra avevano vari utilizzi e la guerra era solo uno dei tanti. Venivano usate per intagliare canoe, come bastone tenuto dagli oratori e per costruire le *marae*, le case lunghe utilizzate come luogo di incontro della comunità.
Simboleggiano **artigianato**, **operosità**, **autorità** e **forza** (sia fisica che morale), **superamento degli ostacoli**.

Centopiedi

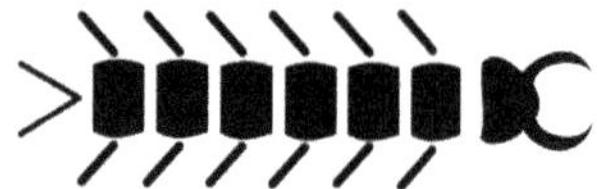

Anche se il centopiedi non ha un pungiglione velenoso, il suo simbolismo ricorda molto quello dello scorpione. La sua aggressività ha fatto sì che venisse associato allo **spirito combattivo**, al **guerriero**. Significati correlati sono la **determinazione**, la **ribellione**. Le due immagini seguenti sono, rispettivamente, una stilizzazione del centopiedi ed un motivo tradizionale che lo rappresenta.

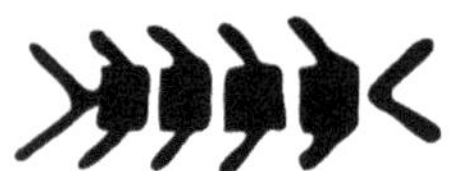

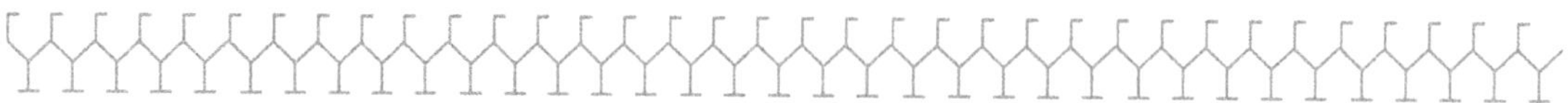

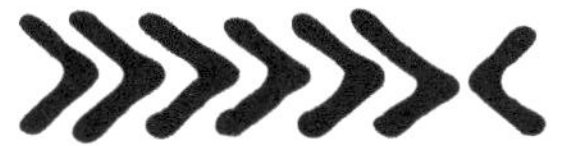

Mere

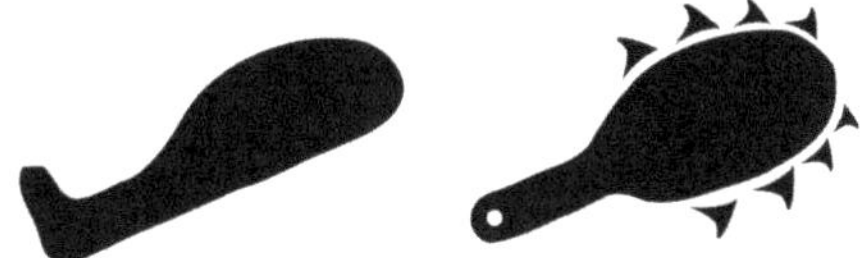

Le *mere* sono corte mazze piatte usate soprattutto dai capi. Venivano tramandate di generazione in generazione e a volte scambiate in occasioni solenni. Rappresentano perciò il **capo**, **onore**, **rispetto**, **nobiltà**, **grandezza** e tutte quelle caratteristiche che un capo rispettato deve possedere.

Lucertola

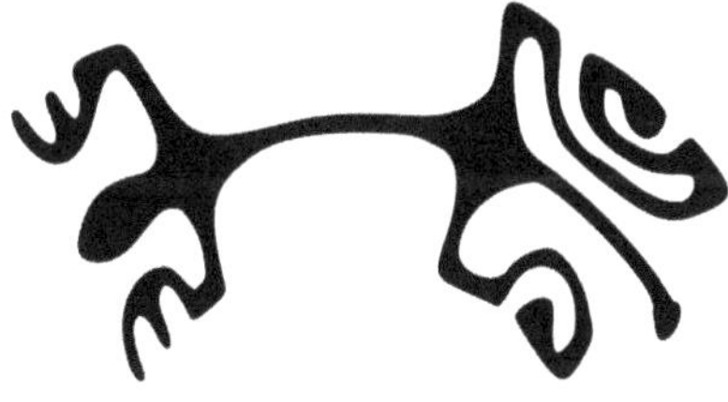

Lucertole e gechi sono chiamati *mo'o* o *moko* e giocano un ruolo importante nei miti polinesiani.

Gli dèi (*atua*) e altri spiriti minori spesso si manifestano agli uomini sotto sembianze di lucertola e questo può spiegare il motivo per cui

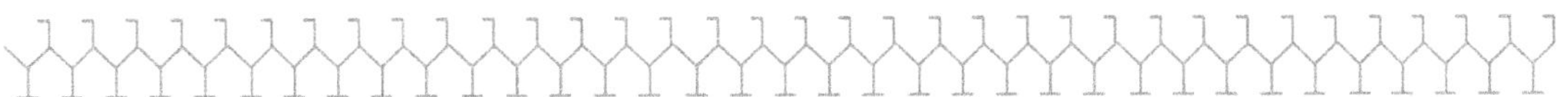

l'elemento stilizzato usato per rappresentarle sia molto simile al simbolo stilizzato usato per gli uomini.

Le lucertole sono creature dotate di poteri e possono portare **buona fortuna**, **comunicare con gli dèi** e **accedere al mondo invisibile**, così come portare morte e cattivi presagi alle persone irrispettose.

Nella cultura aborigena australiana le lucertole simboleggiano **rigenerazione**, **trasformazione** e **capacità di sopravvivenza attraverso le difficoltà**.

Nella cultura maori sono considerate dei **custodi** e spesso una lucertola veniva sepolta vicino alle case di nuova costruzione, o scolpita sulle sue pareti, per **mantenere lontano ogni spirito maligno o malattia**.

La seguente serie di disegni mostra come, semplificando la lucertola, si raggiunge una forma che ricorda molto da vicino un *enata* stilizzato; le lucertole sono considerate antenati degli uomini e questo può essere un ulteriore motivo per questa somiglianza.

Stilizzazione incrementale:

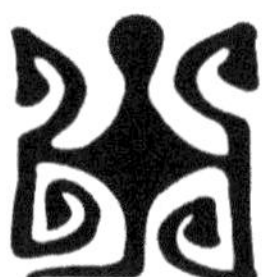

a

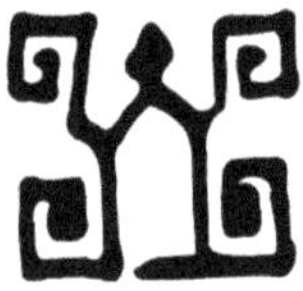

b

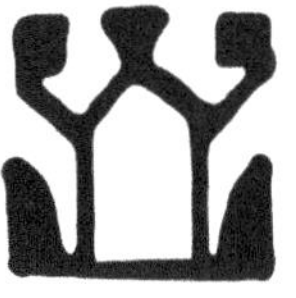

c

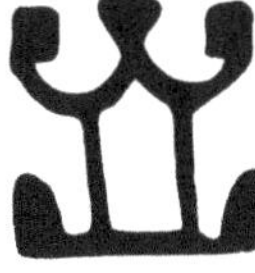

d

Moko è anche il nome del tatuaggio facciale maori, considerato ugualmente sacro e il cui nome potrebbe derivare dai primi disegni, caratterizzati da lucertole in quanto segni di origine divina e, conseguentemente, tatuate sui capi. Disegni di lucertole sul viso sono anche comuni ai primi tatuaggi hawaiani ed è facile pensare che i primi navigatori li conoscessero già quando inizialmente lasciarono la patria di Hawaiki per scoprire le nuove terre di Aotearoa e Hawaii, dove successivamente si stabilirono.

Nei miti maori si racconta che il *Tā Moko* abbia origine divina e non dovrebbe venire usato a sproposito dai non-maori (*pakeha*), che possono invece usare disegni in stile *kirituhi* (letteralmente "pelle disegnata"). La scelta degli elementi del *Tā Moko* è importante quanto il loro posizionamento, e fornisce informazioni sul portatore, sul suo status e su quello dei suoi antenati, mentre il *kirituhi* è puramente uno stile decorativo che richiama il *Tā Moko* e può venire tatuato in qualunque punto e da chiunque.

Tartaruga

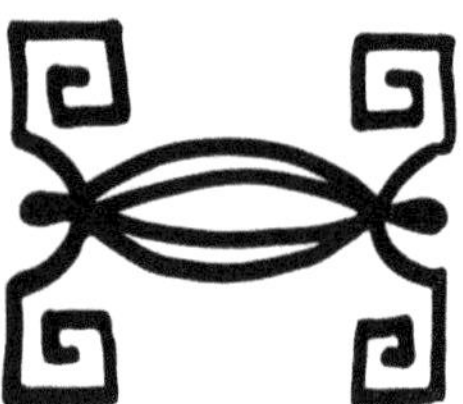

La tartaruga, o *honu*, è un'altra creatura importante in tutte le culture polinesiane ed è stata associata a molteplici significati.

Principalmente, le tartarughe marine simboleggiano **salute**, **fertilità**, **longevità**, **fondamenta**, **pace**, **riposo**, il **navigatore**.

La parola *hono*, che designa la tartaruga, in lingua marchesiana ha anche altri significati, tra cui riportiamo "unire, cucire insieme", che potrebbe spiegare perché le tartarughe simboleggino anche **unione**, **famiglia** (un'altra spiegazione potrebbe essere il fatto che le tartarughe marine attraversano l'intero oceano per raggiungere la riva dove sono nate e dove vedranno la luce i loro piccoli).

L'oceano è la fonte di vita per gli isolani; il mare polinesiano è ricco di ogni tipo di pesci e simboleggia abbondanza, ma è spesso anche il luogo di riposo. Terra e mare sono le due metà del mondo e la tartaruga può vivere in entrambe e passare da una all'altra. Per questo motivo si crede che la tartaruga possa muoversi tra il mondo dei vivi e l'aldilà, e che raggiunga e guidi i defunti lungo il loro ultimo viaggio, portandoli al sicuro al loro luogo di riposo.

Contrariamente a quanto a volte si crede, orientare le tartarughe verso l'alto non implica che stiano accompagnando l'anima di una persona nell'aldilà: nei miti polinesiani Rangi è il luogo in cui risiedono alcune divinità e spiriti e dove le anime di uomini e donne sono create prima della loro nascita, ma solitamente non dove vanno dopo la morte. Questo è un concetto occidentale che non rispecchia le credenze pre-contatto.

Per rappresentare un morto portato da una tartaruga al suo luogo di riposo si può invece inserire una figura umana nel carapace o a lato.

Due simboli simili a *enata* appaiati come quelli nella figura seguente, sono un modo tradizionale per rappresentare una tartaruga (si noti come assomiglia alla figura della pagina precedente):

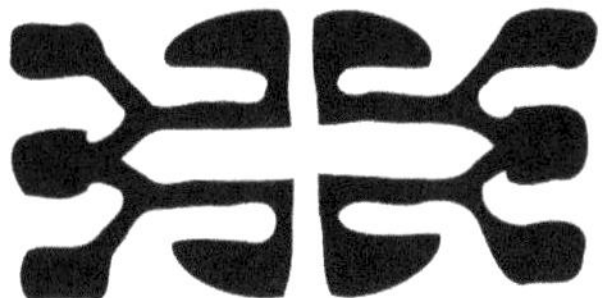

Altri motivi come i seguenti derivano dall'intarsio del guscio:

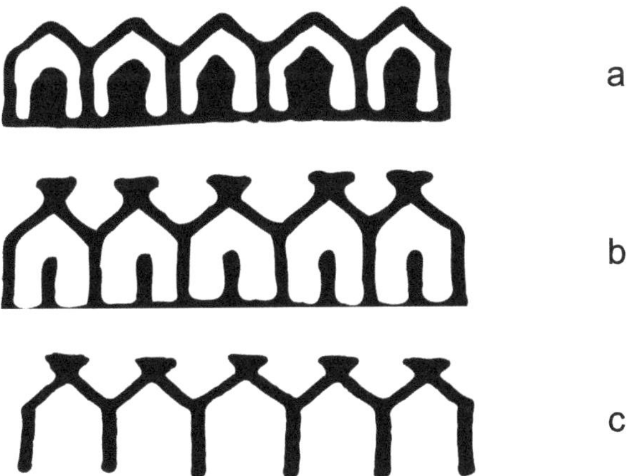

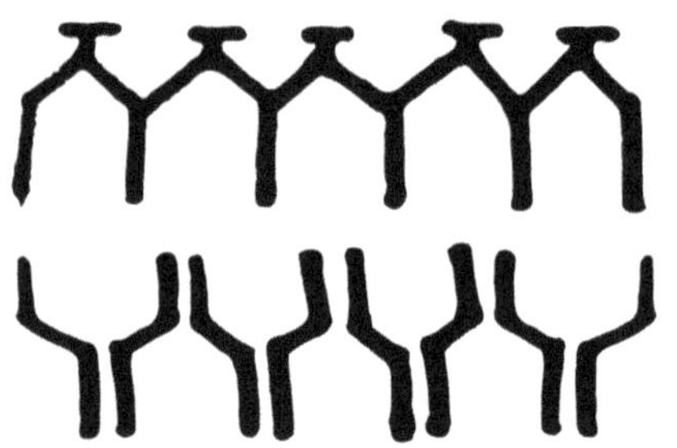

d

e

Pesci

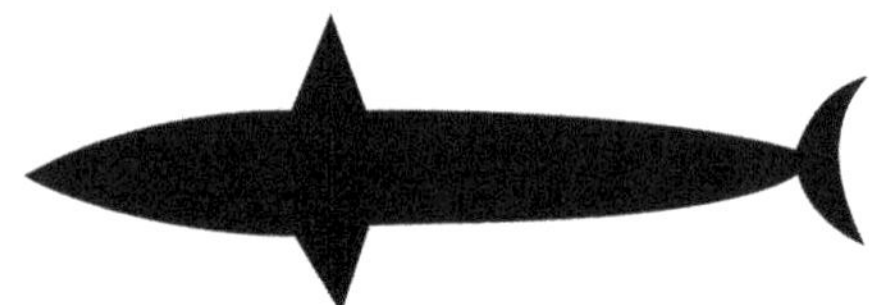

I pesci sono la principale fonte di cibo per i popoli polinesiani. Simboleggiano **ricchezza**, **abbondanza**, **prosperità**, **vita**.
Alcuni pesci vengono rappresentati da motivi stilizzati che ne evidenziano un tratto specifico, come i denti di squalo, presenti nella maggior parte dei disegni e su qualsiasi parte del corpo.

Tatuare una fila di denti di squalo intorno alla caviglia è un'abitudine che si spiega con una leggenda hawaiana: un tempo una donna fu morsa alla caviglia da uno squalo mentre stava nuotando. Lo squalo era il suo *aumakua*, ma non l'aveva riconosciuta e quando la donna urlò il suo nome la lasciò andare e si scusò per l'errore. Le promise che non sarebbe più successo perché da quel momento l'avrebbe sempre riconosciuta dal segno dei denti intorno alla sua caviglia.

Per questo motivo, una fila di denti di squalo tatuata intorno alla caviglia è un simbolo di **protezione in acqua**.
I pesci, come simboli di abbondanza, venivano anche offerti agli dèi per propiziare la loro **benedizione** su una nuova casa o canoa e i pescatori spesso offrivano il loro primo pesce al dio del mare Tangaroa.
Di seguito, alcune stilizzazioni di pesci:

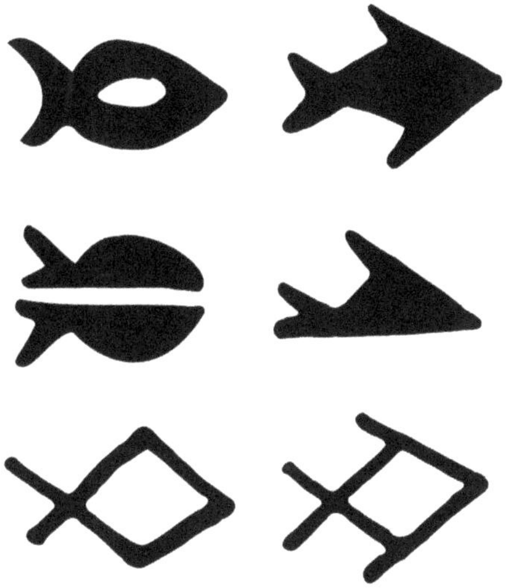

Un altro motivo proveniente dalle Hawaii è formato da squame di pesce e rappresenta **protezione**:

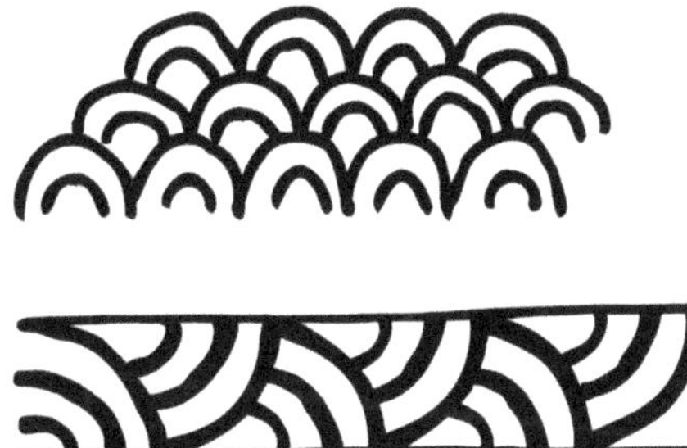

varianti di squame di pesce

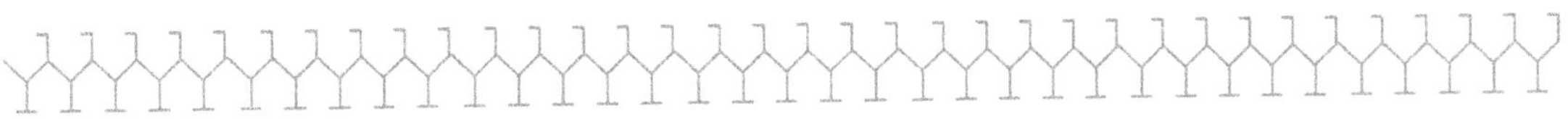

Squalo

I denti di squalo, o *niho mano*, meritano uno spazio a se': gli squali sono una delle forme preferite dagli *aumakua* per apparire all'uomo. Rappresentano **protezione**, **guida** e **forza**, **fierezza**, il **guerriero**, ma sono anche simboli di **adattabilità** per molte culture.
Di seguito vengono mostrate alcune stilizzazioni dei denti di squalo, tanto semplici come doppi:

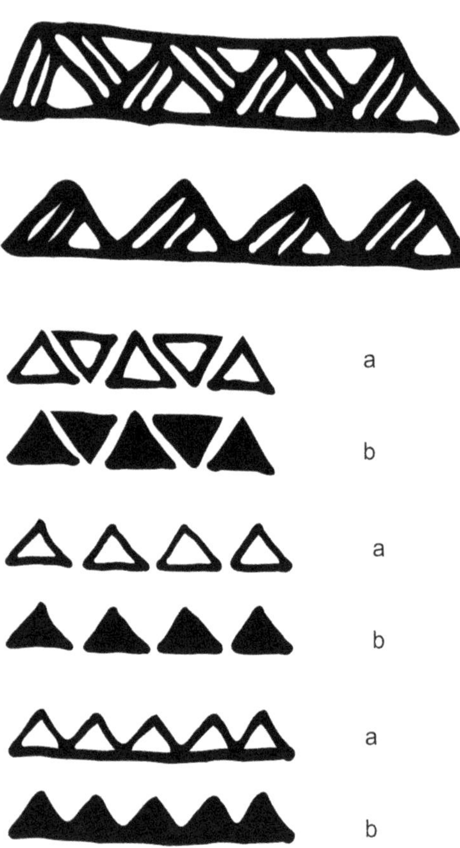

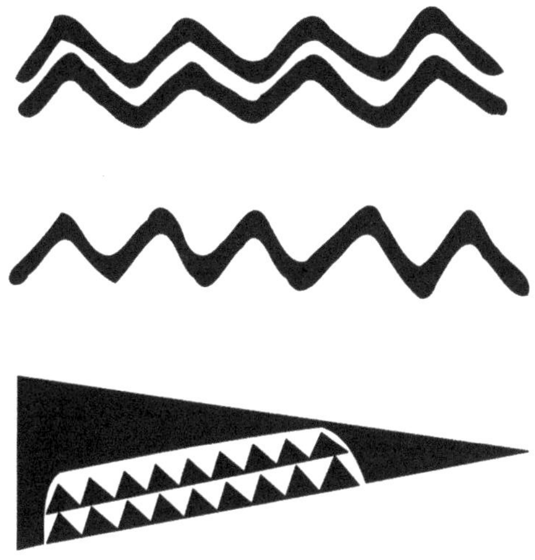

Squalo martello

Gli squali martello rappresentano **tenacia**, **forza** e **determinazione** e sono anche un simbolo di **socialità** in quanto si spostano sempre in gruppi di molti individui, a volte migliaia.
Ecco alcuni esempi di motivi maori che rappresentano lo squalo martello (*mango pare*), dai più complessi a quelli più semplici:

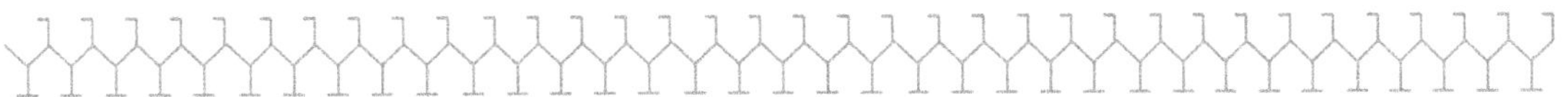

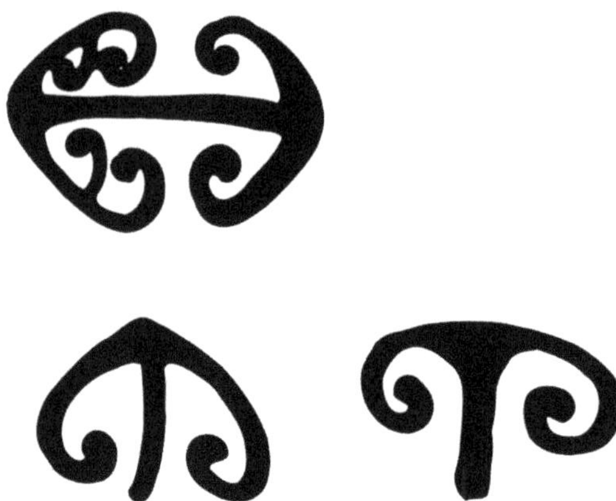

Bonito

Esiste un motivo che assomiglia a quello dei denti di squalo ed è in realtà chiamato "coda di bonito" o *hiku-atu*. Rappresenta il bonito (un tonno) e simboleggia **energia**, **agilità**, **abilità** e **abbondanza**:

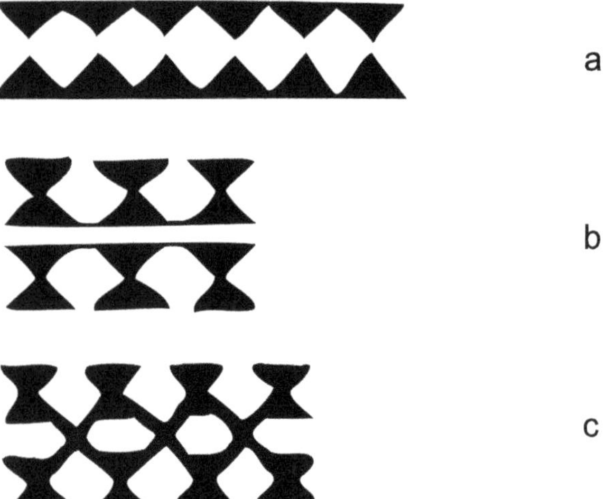

Murena

Le murene appaiono spesso nei miti polinesiani come spiriti maligni. Possono vivere in mare e in acque dolci e si narrano molte storie di murene che hanno ingannato e divorato gli uomini. Simboleggiano gli **spiriti maligni**, **avversità**, **malattia**.

Eccone due stilizzazioni:

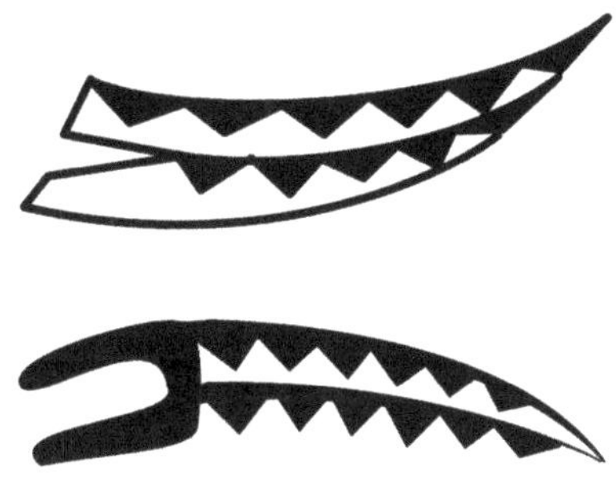

Balena

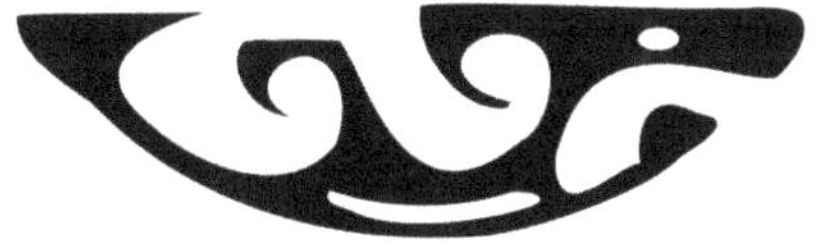

motivo tradizionale marchesiano

Le balene rappresentano **abbondanza** e, soprattutto se sono con i propri piccoli, **famiglia**, **nutrimento**, **cura**.

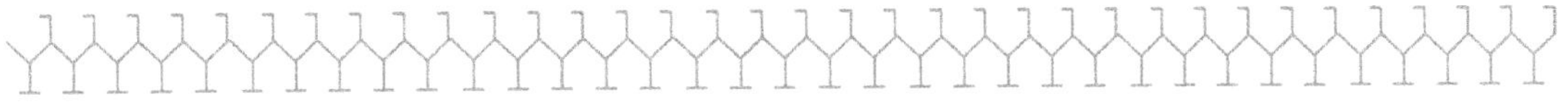

Altre creature marine con significati specifici:

Delfini: simboleggiano **giocosità, gioia, amicizia**.

Barracuda: rappresentano **ferocia, determinazione**, il **guerriero**.

Marlin: sono simboli di **velocità**, **mente acuta**, **puntare dritto all'obiettivo**.

Mante e razze: simboleggiano **eleganza**, **libertà**, **saggezza** e **protezione**.

Ricci di mare: hanno **un esterno pungente e duro**, ma un **interno tenero e delizioso**. Simboleggiano anche la **luce nelle tenebre**.

Orche: rappresentano la **protezione della famiglia**, **forza**, **rapidità**, **essere letali**.

Uccelli

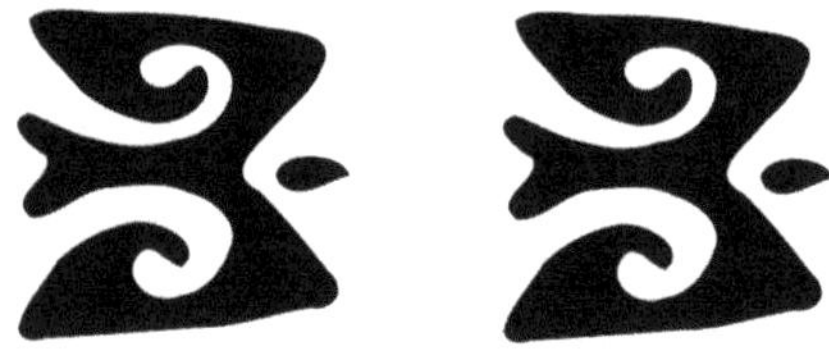

Gli uccelli ereditano i loro significati dalle proprie abitudini e comportamenti e appaiono in molti proverbi e modi di dire polinesiani. In genere rappresentano la **libertà**, **sapersi elevare** per vedere il mondo da una **prospettiva più alta**, oltre ad essere spesso considerati **messaggeri** degli *atua*, gli dèi.

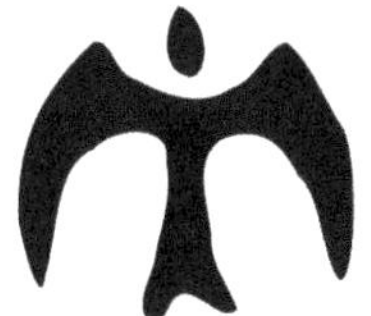

gabbiano

Fregate: sono viaggiatori su lunghe distanze e simboleggiano **viaggio, scoperta**.

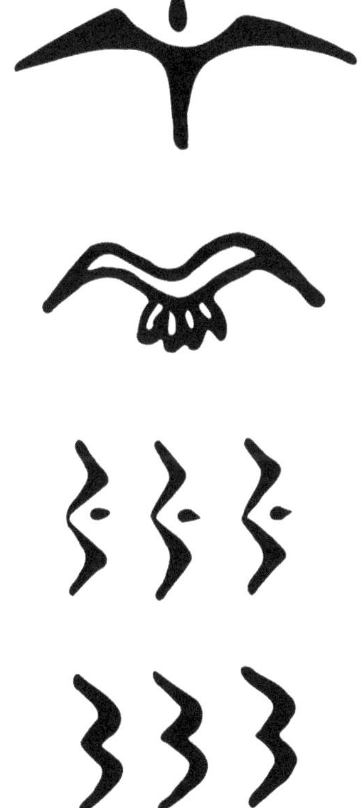

fregate

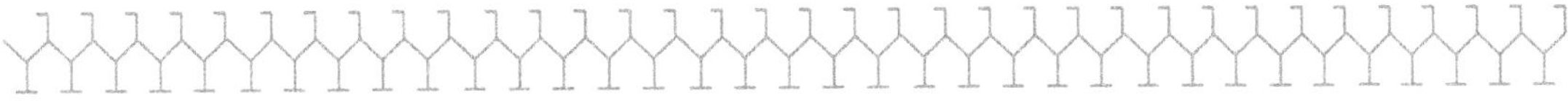

Colombi: erano comuni nella vita dei popoli polinesiani e venivano cacciati per integrare i frutti della terra e del mare. Il loro simbolismo deriva dalle loro abitudini: i colombi si uniscono per la vita e quando uno di loro viene ferito il compagno vola a proteggerlo, anche se questo può significare essere catturato.
Per questo motivo disegnare due colombi che si seguono simboleggia due **compagni**, **aiuto reciproco nei momenti di bisogno**.

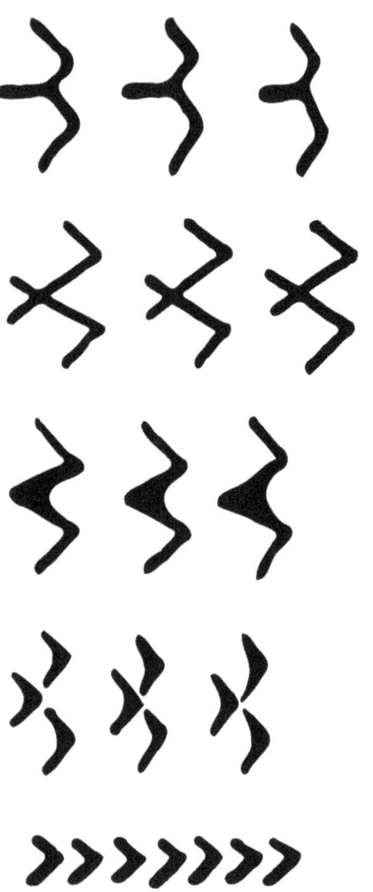

colombi

Un uccello differente vicino ad una serie di altri tutti uguali viene usato per rappresentare **orgoglio**, **unicità**:

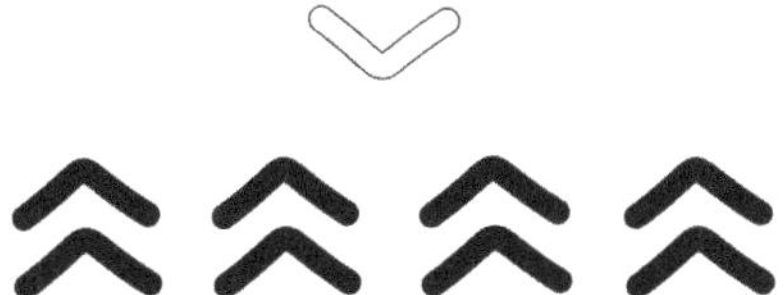

Volpi volanti: sono i più grandi pipistrelli del mondo e sono originari dell'Australia. Sono animali molto sociali e vivono in grandi comunità che comprendono a volte migliaia di individui. Si nutrono di frutta e non lasciano mai la loro comunità anche dopo aver raggiunto la maturità. Simboleggiano **comunità**, **istinto materno**, ma anche **operosità** e **iperattività**.

Il seguente esempio è preso dal motivo tradizionale del tatuaggio samoano chiamato *pe'a*.

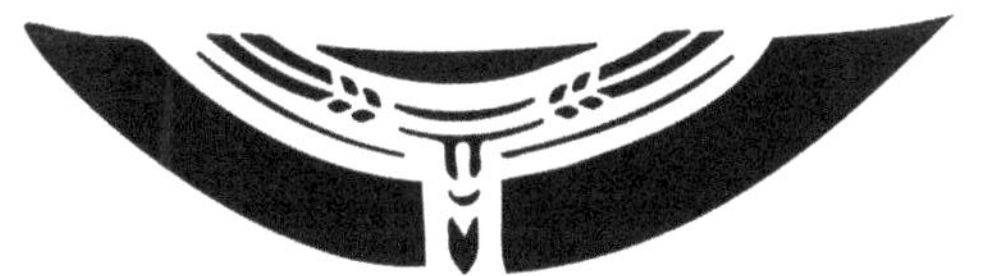

volpe volante
(trad. samoano)

Nei disegni polinesiani, il **fuoco** è spesso rappresentato con uccelli.

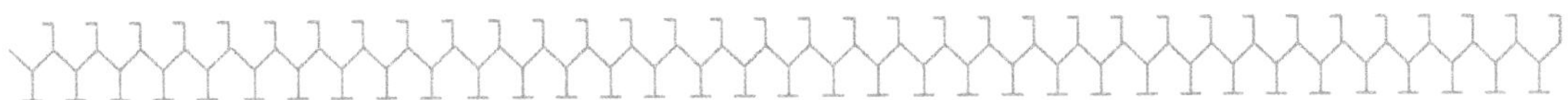

Pesca e caccia

La pesca e la caccia erano le due principali attività della vita polinesiana in tempo di pace. Molti sono i significati relativi a questi aspetti della vita di tutti i giorni e un **abile** cacciatore o pescatore veniva sempre rispettato e onorato.

Amo da pesca

L'oceano Pacifico dispone di una tale ricchezza di pesci che bastava possedere ami per essere ricchi. Gli ami da pesca, o *matau*, sono in effetti simboli comuni di **ricchezza**, **prosperità**, **abbondanza**, **fortuna**. Un amo da pesca può essere usato per simboleggiare la **conoscenza**, l'**intelligenza** quando si cattura un concetto così come si fa con un pesce e può rappresentare anche una **promessa**.

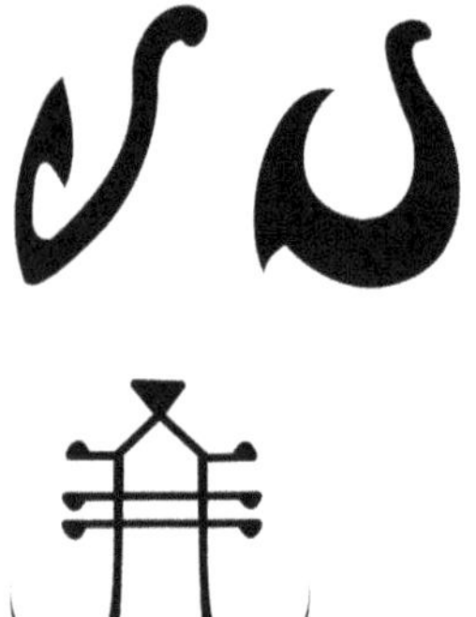

Rete per uccelli

I popoli polinesiani tendevano reti speciali tra gli alberi perché gli uccelli vi restassero impigliati scappando dai cacciatori che li spaventavano facendo rumore.

Le reti rappresentano perciò **abbondanza**, **solidarietà**, **abilità**. Essendo formate da diverse corde intrecciate insieme per raggiungere il risultato finale, simboleggiano **lavoro di squadra**, **unione**. Rappresentano anche la **generosità** perché è importante mostrarsi generosi verso i pescatori e i cacciatori meno fortunati: rende più forte la comunità ed assicura che ognuno abbia sempre abbastanza di che vivere; non si sa mai quando potrebbe toccare a noi avere sfortuna e chiunque potrebbero aver bisogno di aiuto prima o poi.

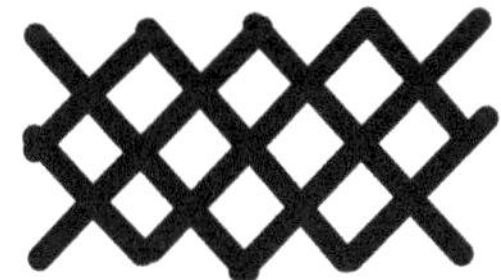

Stilizzazioni:

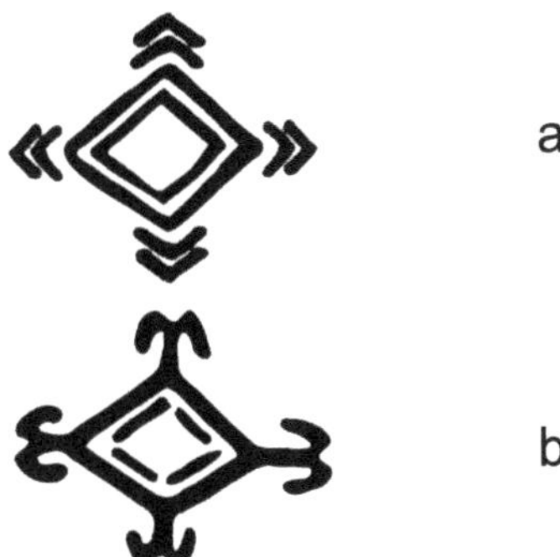

a

b

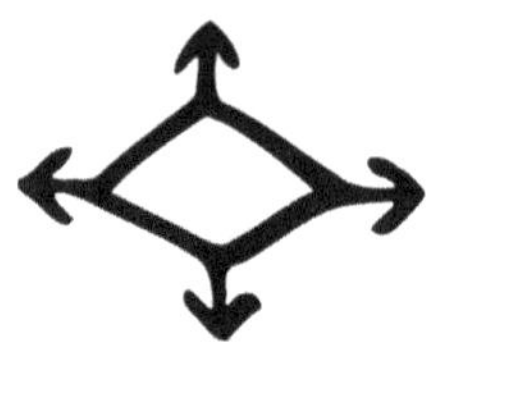

c

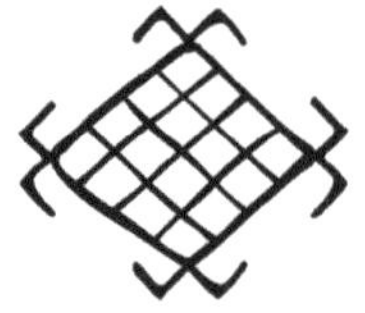

d

Oceano

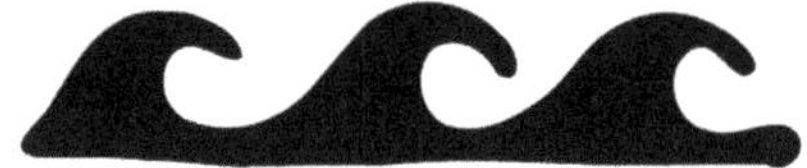

L'oceano è una seconda casa per i popoli polinesiani ed il luogo di riposo quando partono per il loro ultimo viaggio (si dice che le tartarughe guidino i defunti a destinazione), il che significa che il mare è talvolta usato per rappresentare la morte, l'aldilà.

Dal momento che l'oceano è la fonte primaria di cibo, non c'è da meravigliarsi che abbia un forte impatto su tante tradizioni, miti e leggende. Tutte le creature che ci vivono hanno vari significati associati, solitamente legati ai loro tratti caratteristici ed alle loro abitudini.

Il mare può essere rappresentato dalle onde, di cui seguono alcune stilizzazioni; simboleggia la **vita**, il **cambiamento** e la **continuità**

attraverso ai cambiamenti, abbondanza.

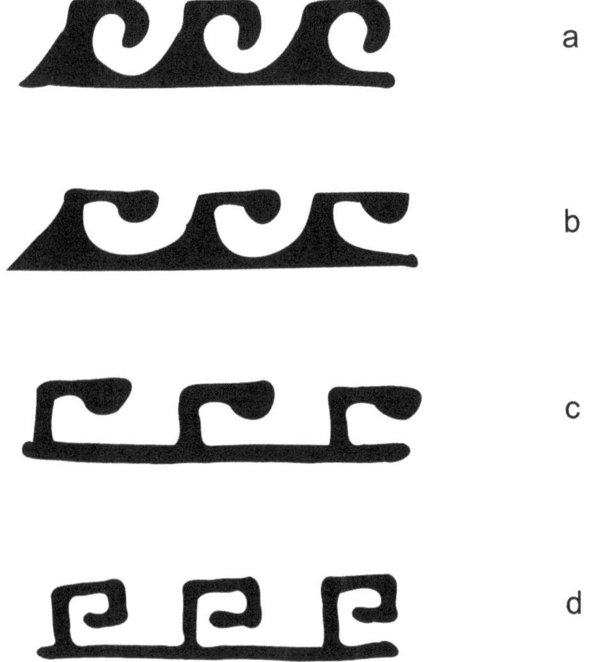

Le onde possono essere utilizzate per rappresentare l'**aldilà**, il luogo di riposo dei defunti dopo il loro ultimo viaggio e anche la nostra **casa ancestrale**.

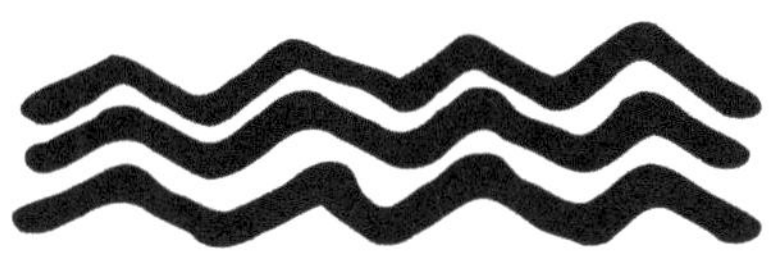

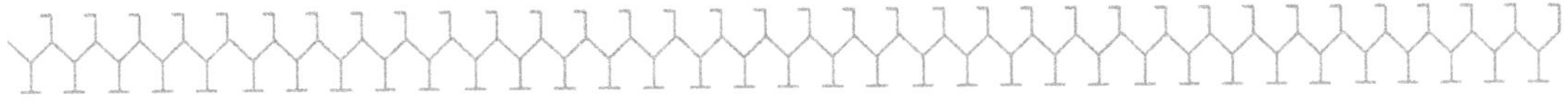

Sole

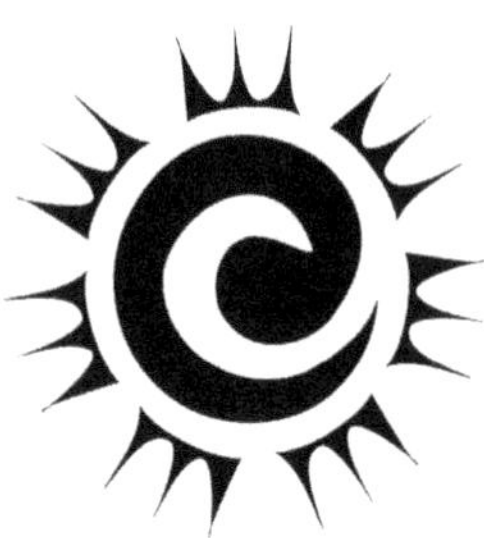

Il sole è la fonte della vita, l'energia maschile e simboleggia **prosperità**, **solarità**, **leadership** e **grandezza**.
Come per molte culture in tutto il mondo, il sorgere e tramontare ciclico del sole è alla base del concetto di eterno ritorno, di **eternità**, che trova un parallelo nel motivo a spirale.
Il sorgere del sole è associato al **rinnovamento** e il tramonto non è visto come morte, ma come un passaggio verso il mondo al di là.
A seconda di quali simboli vengano utilizzati per disegnare il contorno del sole, gli si associano significati differenti.
Esistono vari simboli adatti a creare i raggi del sole, come quelli usati nell'immagine in alto che solitamente rappresentano le montagne e simboleggiano stabilità, o come i denti di squalo qui sotto:

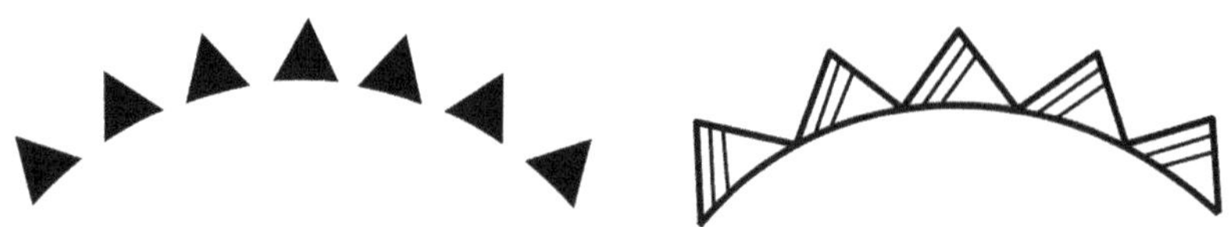

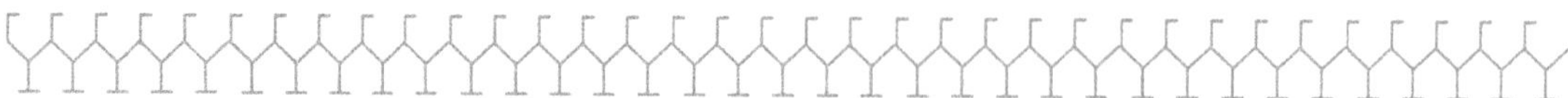

Può essere utilizzato anche il motivo stilizzato del guscio di tartaruga (*honu*), così come le onde:

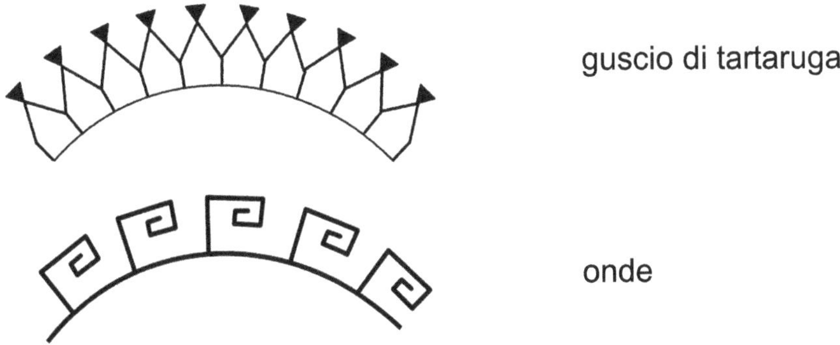

Croce marchesiana

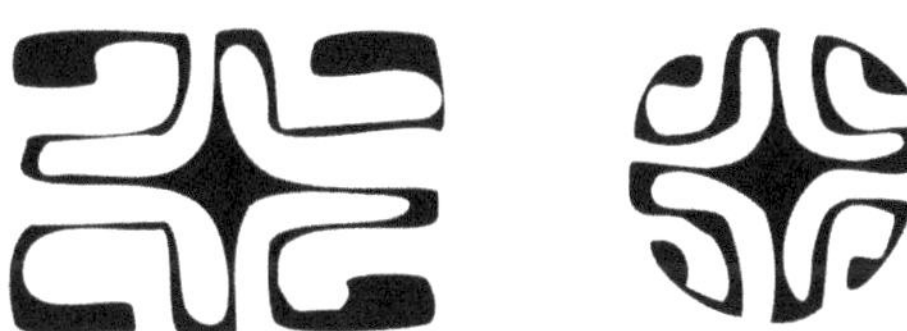

Originariamente la croce marchesiana sembra essere stata associata al guscio di tartaruga. Ricorda il simbolo indù del sole e ha significati simili, che vanno dall'eternità all'armonia e all'equilibrio tra gli elementi.

Conchiglie

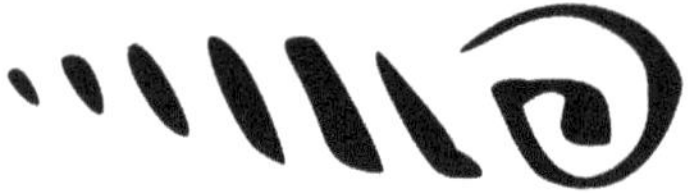

Le conchiglie hanno giocato un ruolo importante nella vita dei popoli polinesiani: i loro molluschi fornivano cibo ed i gusci venivano usati per produrre diversi manufatti di uso quotidiano; conchiglie levigate erano usate come moneta e conchiglie intagliate come doni ricercati.

Per la loro forma chiusa simboleggiano anche **rifugio sicuro** e **intimità**

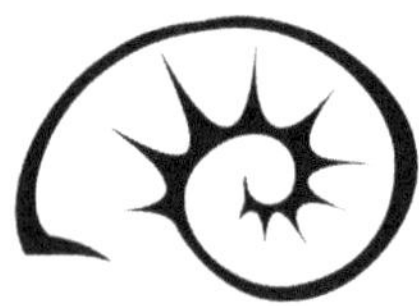

Le conchiglie bivalvi come la tridacna simboleggiano la **coppia**, il **matrimonio**, **unione**. Sono chiamate *api*, che è anche la radice di molte parole come *apipi* = "unito" o *apipiti* = "insieme".

Sono utilizzate anche per rappresentare le donne.

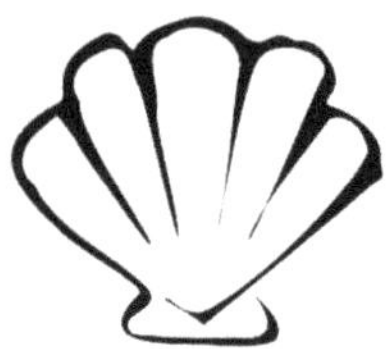

Divinità e spiriti

Tiki

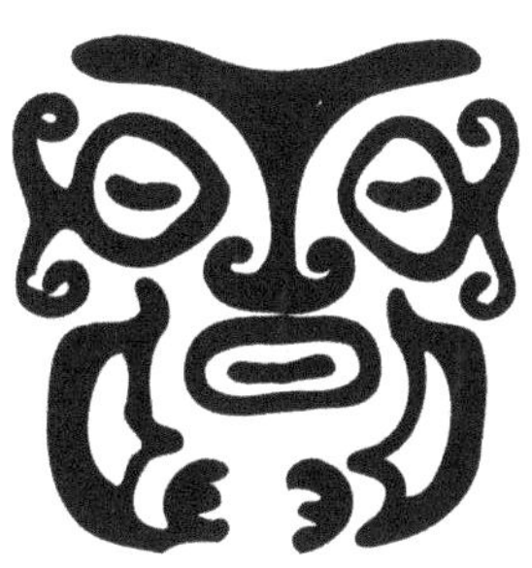

Un significato della parola *tiki* è "figura" e *tiki* è il nome dato alle figure umanizzate che rappresentano solitamente i semidèi, a differenza degli *atua*, dèi, che di solito si mostrano agli uomini sotto forma di animali come le lucertole.

Come gli *aumakua*, i *tiki* possono rappresentare **antenati deificati**, sacerdoti e capi assurti al rango di semidèi dopo la morte.

Simboleggiano **protezione**, **fertilità** e sono dei **guardiani**.

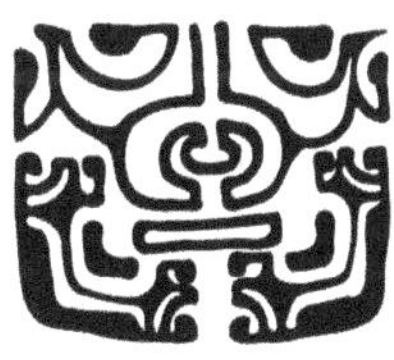

stilizzazioni

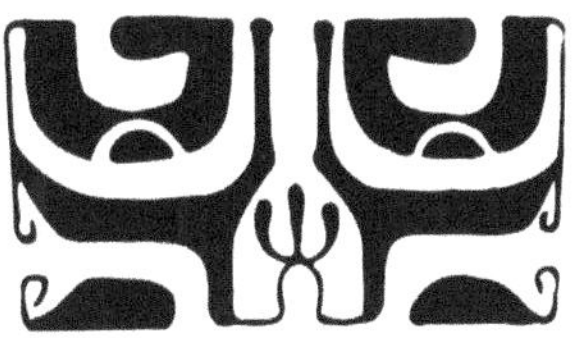

Stilizzandone ancora la figura otteniamo una versione molto semplificata chiamata "occhio brillante" dove gli elementi prominenti sono gli occhi, le narici e le orecchie del *tiki*:

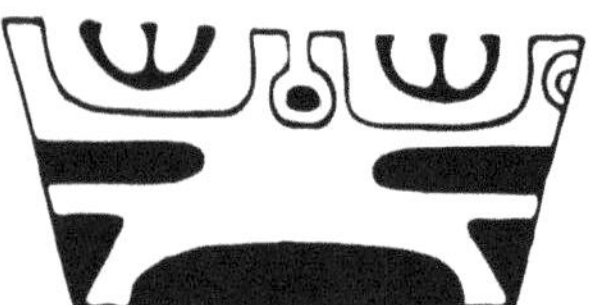

Le narici rimangono un elemento primario in questi disegni poiché si credeva che i *tiki* sentissero l'odore del pericolo prima di vederlo (motivo per cui spesso vengono disegnati con gli occhi chiusi).
L'occhio che-tutto-vede è una ulteriore semplificazione formata dal solo occhio; veniva a volte posizionato sulla parte posteriore del ginocchio per spaventare i nemici e proteggere la schiena dei guerrieri:

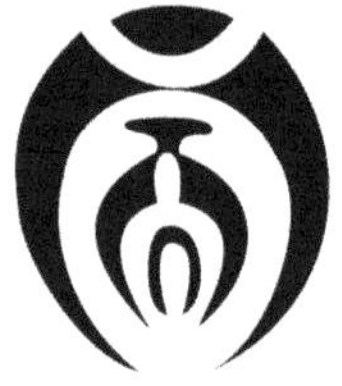

Allo stesso modo, a volte vengono raffigurate solo parti di *tiki* per dare protezione, come ad esempio braccia, occhi e mani. Nei seguenti esempi, le serie a-b-c mostrano come viene ottenuto il motivo stilizzato di base:

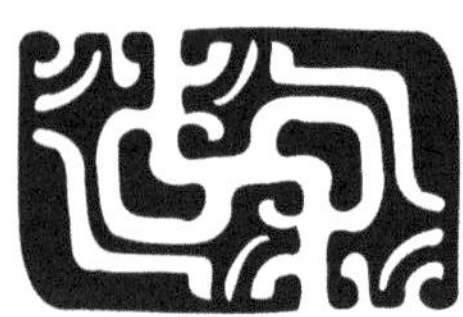

braccia

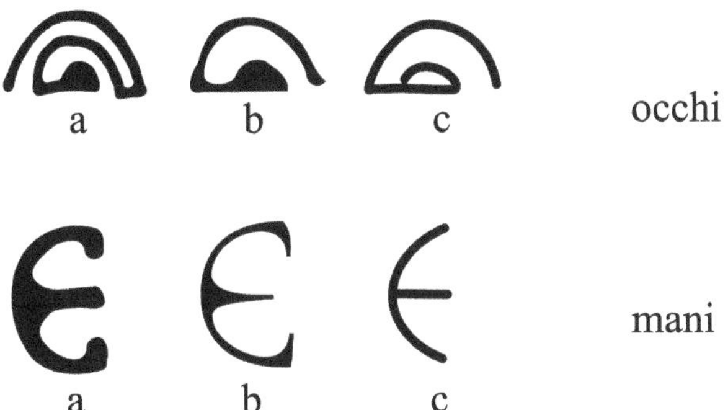

Le figure di *tiki* possono venire rappresentate in vista frontale (a volte con la lingua di fuori come simbolo di **sfida** ai nemici) o laterale. Nel secondo caso appaiono spesso due *tiki* che guardano in direzioni opposte, per simboleggiare **protezione contro i pericoli che arrivano da ogni direzione**.

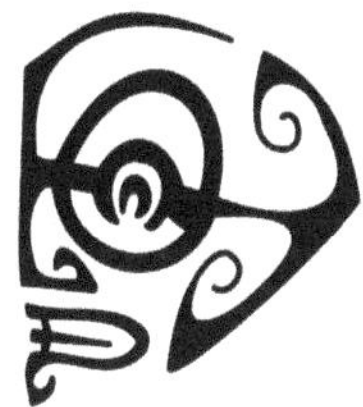

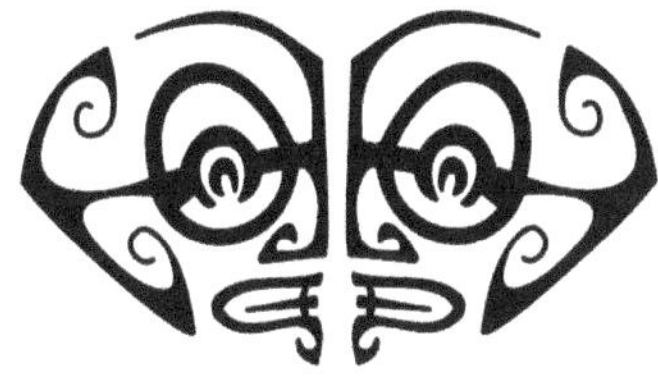

Vista laterale degli occhi:

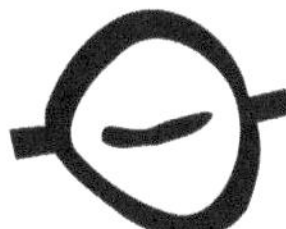

Narici:

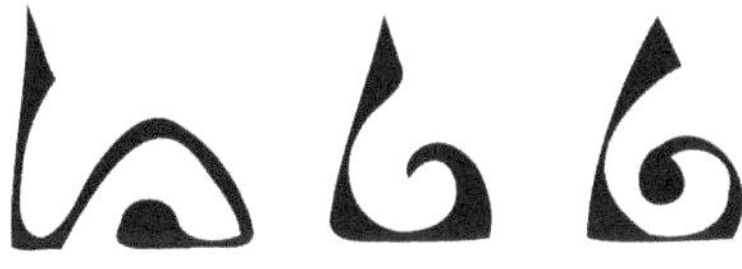

Bocca:

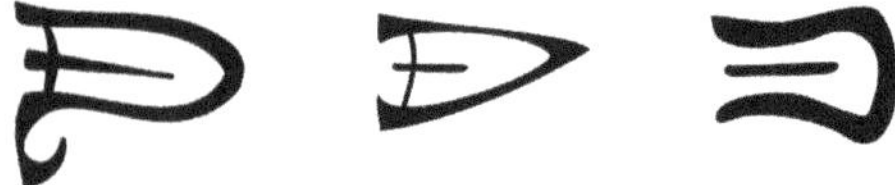

Manaia

Il *manaia* è una creatura mitologica della cultura maori e di solito è raffigurato con testa di uccello, corpo di uomo e coda di pesce, spesso in vista laterale e con forma simile a un otto, come nella immagine sottostante. È considerato un **messaggero** tra il mondo materiale e il mondo degli spiriti e simboleggia la **protezione dal male**, proprio come un **angelo custode**.

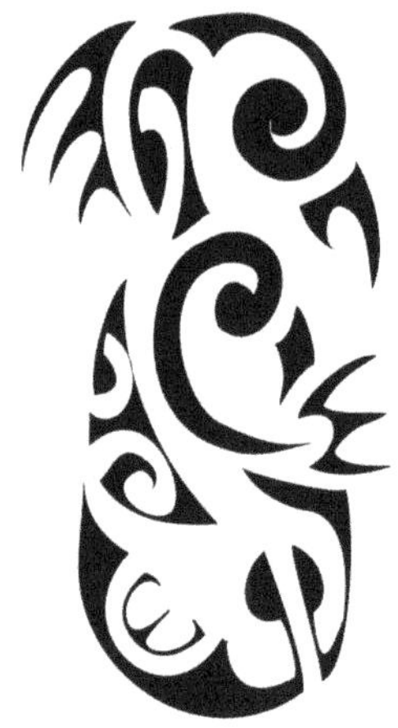

Taniwha

Nella mitologia maori, i *taniwha* sono esseri che vivono in pozze profonde nei fiumi, in grotte oscure o in mare, in particolare dove sono presenti forti correnti o mareggiate. Hanno natura duale e possono essere sia **poderosi guardiani protettori** di persone e luoghi (*kaitiaki*), o **pericolosi** predatori che puniscono chiunque non rispetti i luoghi sacri. Come guardiani erano anche venerati in guerra, dove avrebbero attaccato i nemici del loro clan nativo, divorandoli. Per questo motivo non è raro vederli raffigurati con una lancia in una mano e un uomo nell'altra, nell'atto di mangiarlo.

Possono manifestarsi sotto varie forme, ma sono solitamente raffigurati con testa umana (con la bocca a forma di becco) e corpo di serpente.

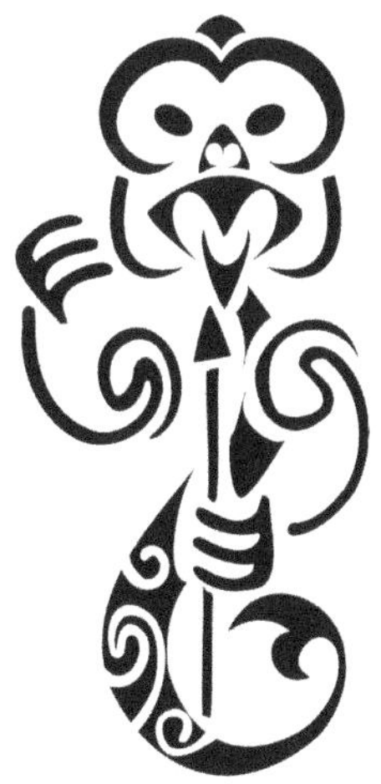

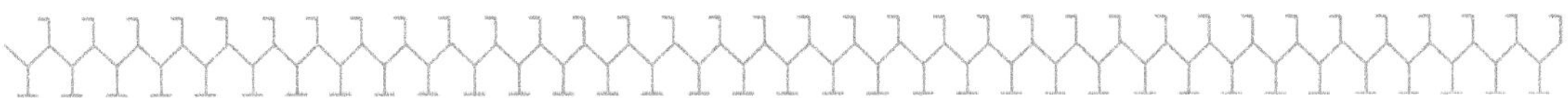

Aumakua

Aumakua, o *'Aumakua* è il nome dato agli **spiriti protettori** legati a una famiglia, che vengono ereditati dai suoi membri attraverso le generazioni. Sono spesso **antenati deificati**, famosi e rispettati in vita, che tornano come guardiani della propria famiglia, di solito mostrandosi sotto forma di animali per guidare, insegnare, mettere in guardia e talvolta anche punire. Deve esistere mutuo rispetto tra le persone ed i loro *aumakua*.

Fiori e piante

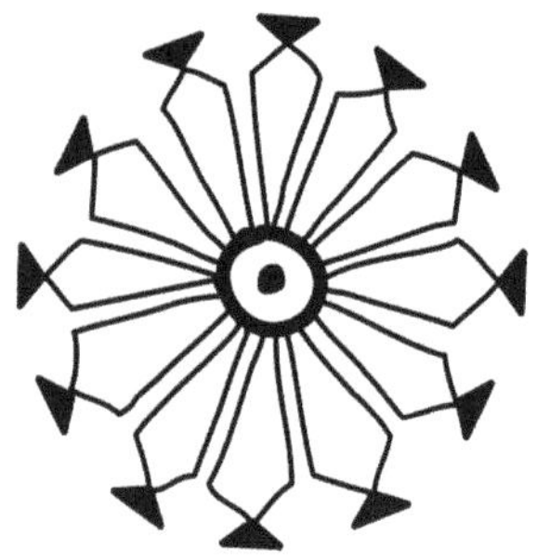

I fiori appaiono spesso nei disegni polinesiani, principalmente fiori di ibisco, frangipani e tiarè. Di solito rappresentano **bellezza**, **femminilità** e **gioia**, ma anche **sbocciare** e i **bambini**. Vengono usati principalmente per le donne ma possono venire impiegati anche per i ragazzi.

Ibisco

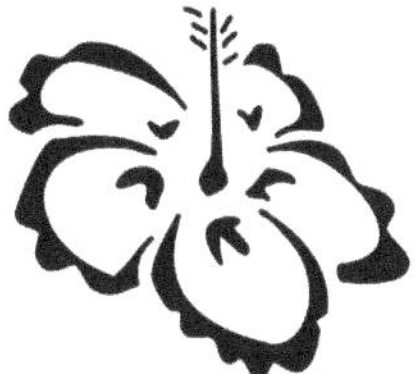

Il fiore di ibisco è probabilmente il fiore più famoso dell'area del Pacifico. È il simbolo delle Hawaii e indica **bellezza, femminilità** e **passione**. È anche un simbolo del "*island vibe*", lo stile di vita rilassato e semplice che è così naturale su simili isole tanto benedette dalla natura.

Tiarè

Il fiore di tiarè è il fiore nazionale della Polinesia Francese ed è diventato un simbolo della danza tradizionale tahitiana. Simboleggia **bellezza, grazia, sensualità**. I fiori di tiarè sono spesso utilizzati per preparare le ghirlande tipiche portate intorno al collo e donate ai visitatori, chiamate *ei* o *lei* alle Hawai. I fiori di tiarè vengono anche indossati dietro l'orecchio come ornamento per i capelli e in molte tradizioni polinesiane questo indica che una donna è impegnata se il fiore è portato a sinistra, disponibile se è a destra.

Frangipani

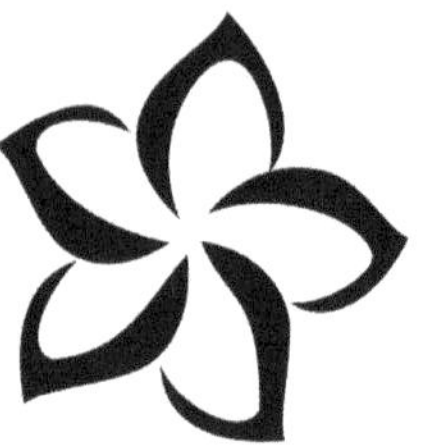

I fiori di frangipani (conosciuti anche come plumeria) hanno significato simile a quelli di tiarè e simboleggiano **bellezza**, **amore**. Possono essere utilizzati per rappresentare i **bambini** e inoltre simboleggiano **riparo** e **protezione**.

Kava

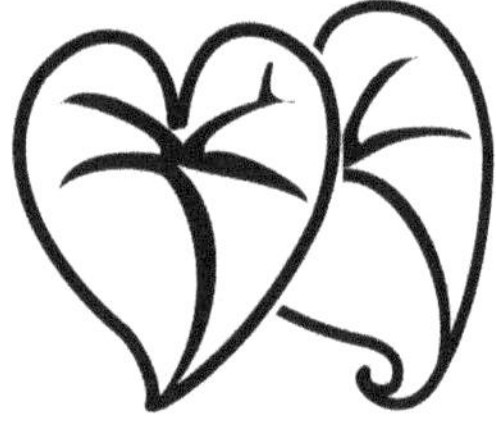

La kava era una pianta sacra, spesso utilizzata nelle cerimonie religiose. Masticando o pestando le sue radici si otteneva una bevanda con proprietà leggermente inebrianti, che veniva utilizzata per preparare la mente a **comunicare con gli *atua***, gli dèi, o per il trattamento di gravi malattie. Simboleggia **benedizione**, **guarigione** e **pace**.

Fiore di puawananga

Le piante di puawananga (clematis) venivano utilizzate per trattare alcune condizioni come l'emicrania e così i suoi fiori simboleggiano **guarigione**.

Koru

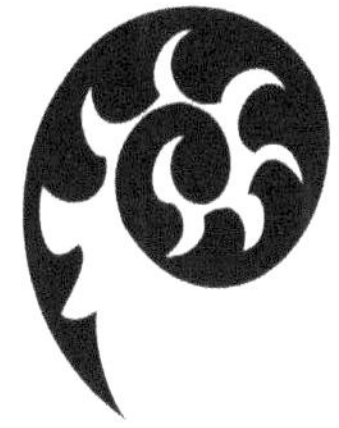

La parola *koru* significa "piega, anello" ed identifica il motivo del germoglio di felce che si srotola. Si tratta di un elemento molto importante nell'arte e cultura maori dove appare sia come una linea in parte arrotolata che come una spirale completa.

Rappresenta **vita**, **nuovi inizi**. I maori dicono: "*Mate atu he tetekura, ara mai he tetekura*", che significa "Quando una felce muore, una felce nasce"; simboleggia la **continuità della vita**, le **tradizioni** e la **genealogia**. È interessante notare che *tete kura* può anche venire tradotto come "capo". Questo si relaziona anche con la felce adulta, che simboleggia **maturità**.

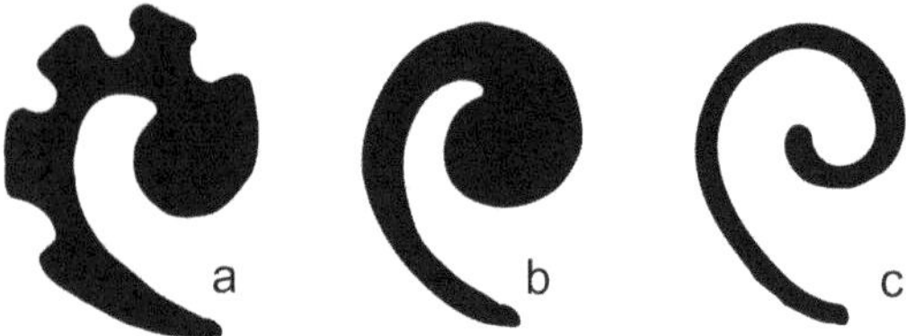

Un doppio *koru* come quello qui sotto simboleggia **continuità** ed è particolarmente adatto per rappresentare i **bambini**, la **discendenza**.

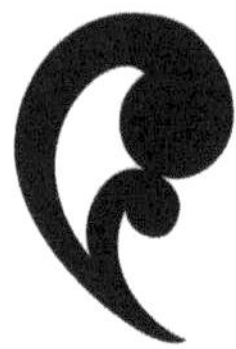

Koru appaiati vengono stilizzati per formare una doppia spirale, utilizzata anche nei tatuaggi *Tā Moko* per rappresentare gli **antenati** e la **genealogia** dei guerrieri. Tipicamente le spirali rappresentano gli antenati di sesso femminile e le doppie spirali quelli maschili.

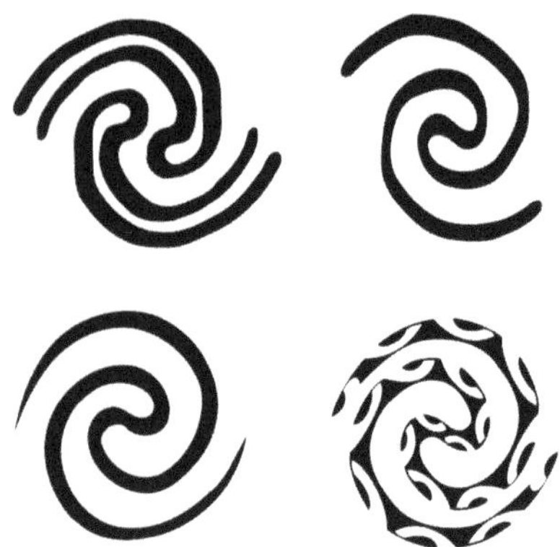

Ipu

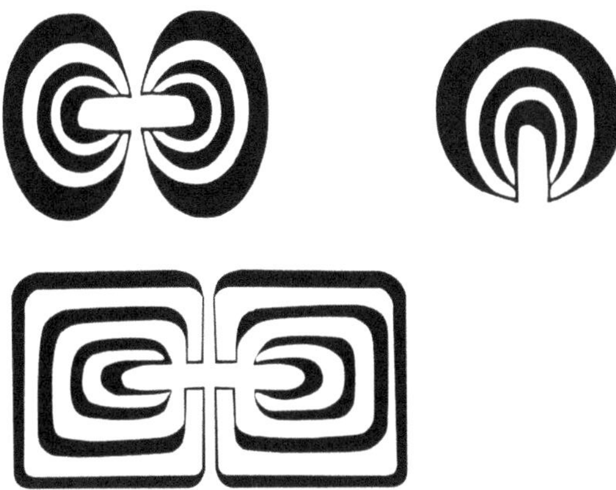

L'*ipu* è la stilizzazione di una zucca e rappresenta per i tatuaggi delle Marchesi quello che la doppia spirale rappresenta per quelli maori.

Nel tatuaggio marchesiano veniva raffigurata la genealogia sul retro delle braccia, utilizzando *ipu* accoppiati disposti in linea per simboleggiare antenati e parenti, con quelli più prossimi (o più antichi secondo alcune fonti) posti in cima.

È un simbolo molto comune, che appare nella maggior parte dei tatuaggi e ha molti significati associati, tutti legati alla vita e alla sua forza generatrice: rappresenta **fertilità** e **nascita** e viene anche utilizzato per raffigurare la madre.

Due *ipu* accoppiati simboleggiano il **matrimonio**, in modo analogo ai due *enata* appaiati.

Una leggenda poi dice che Hilo (marinaio e divinità) conservava i buoni venti in una zucca e le tradizioni associano la forma della zucca al corpo di Rongo, divinità delle coltivazioni e della fertilità.

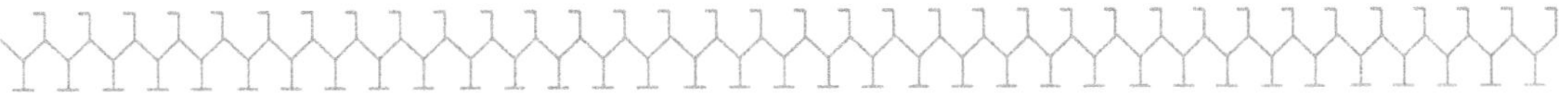

Foglie di lino

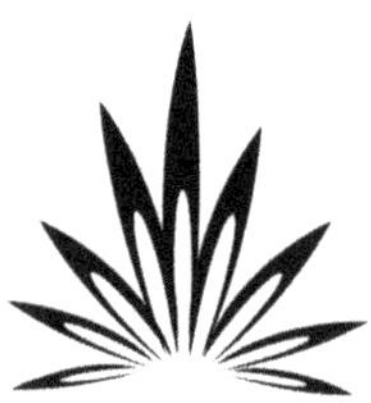

I maori considerano sacra la pianta di lino, il cui nucleo rappresenta per loro il collegamento tra la pianta stessa, la terra e la gente. Le sue foglie rappresentano la **famiglia**: la foglia piccola, più interna, simboleggia il bambino, con i suoi due genitori che lo abbracciano ai lati e gli antenati che abbracciano e proteggono tutti esternamente come fanno gli *aumakua* con i membri della famiglia. Quando venivano tagliate le foglie di lino, questo era sempre fatto con grande rispetto, tagliando solo quelle esterne per non indebolire la pianta.
Il motivo stilizzato delle foglie di lino è chiamato *ritorito*:

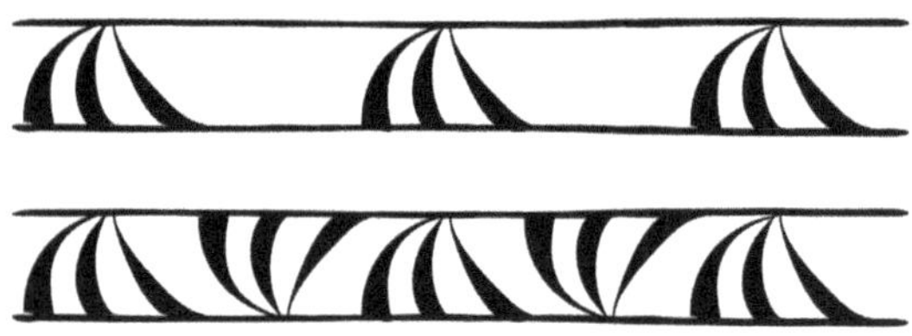

motivo *ritorito*

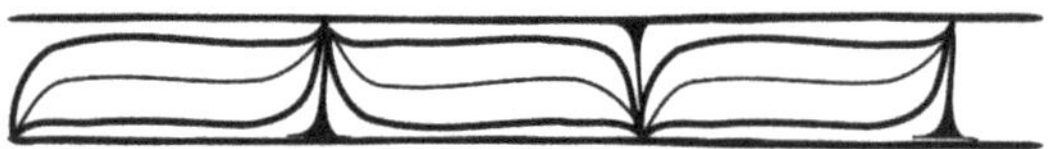

Foglie di ti

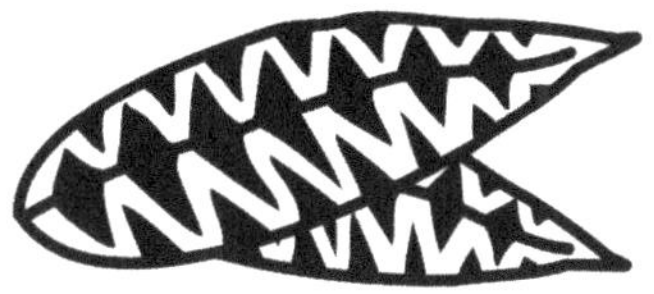

Le piante di ti venivano piantate ai quattro angoli della casa come **protezione**. Il loro significato primario è **benedizione**.

Treccia e corda

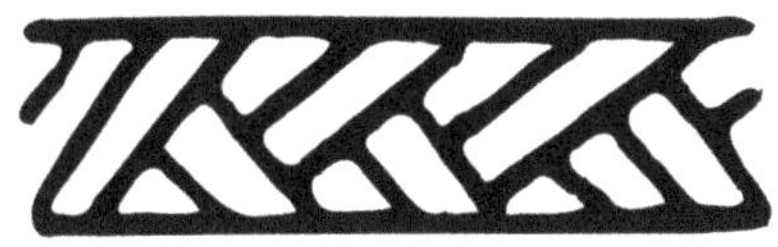

Trecce e corde simboleggiano **stirpe**, **unione**, avendo le fibre intrecciate tra loro come le relazioni tra i parenti. Come la treccia, che è molto più forte rispetto alla singola fibra, così la **comunità** è molto più forte rispetto ai suoi singoli elementi, e quante più fibre sono unite tra loro, tanto più forte sarà la corda. Rappresenta anche la **famiglia** e le **tradizioni**: gli antenati sono l'inizio della corda di una famiglia, mentre l'altra estremità rappresenta i nuovi nati. La corda continuerà a crescere con le nuove generazioni, ma gli antenati resteranno parte di essa, sempre importanti per garantirne la robustezza. Non dimentichiamo i nostri antenati e tradizioni o la nostra corda si accorcerà e diventerà più debole.

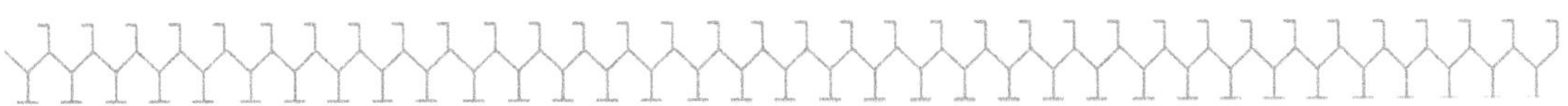

Cocco

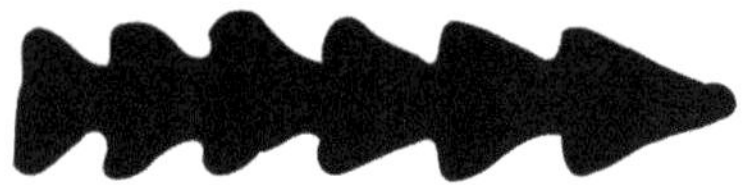

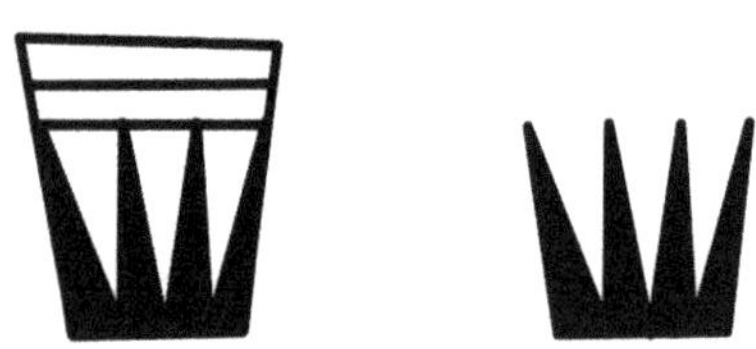

Gli alberi di palma sono rappresentativi delle isole del Pacifico e simboleggiano **pace**, **buone vibrazioni**, **serenità**. Le palme da cocco sono un dono per gli isolani, che ne ricavano fibre, frutta, legno, perfino ciotole; rappresentano perciò **abbondanza**, **prosperità**.

Altri elementi

Te ara poutama

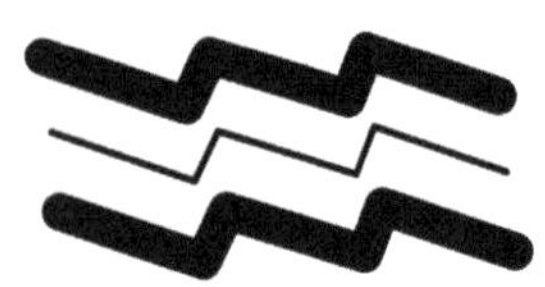

Si può tradurre come "il percorso accidentato"; rappresenta il **sentiero verso la conoscenza**, che non è mai retto nè semplice.

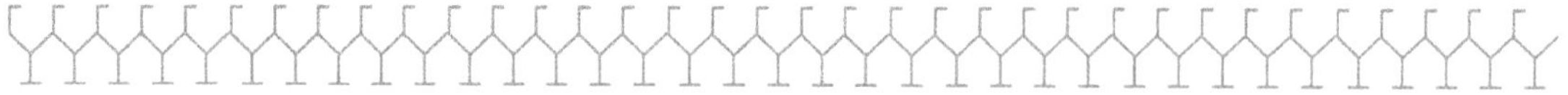

Te ha

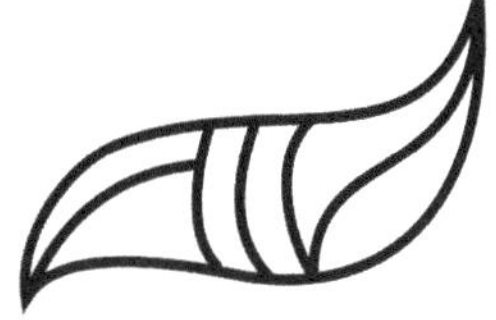

Rappresenta il **soffio della vita.**

Pito

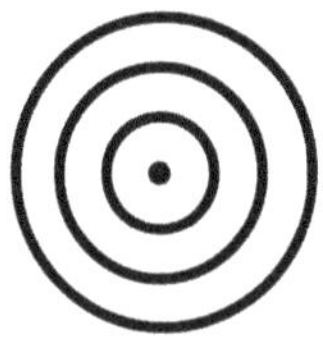

Rappresenta l'ombelico e simboleggia **nascita** ed **indipendenza**, per via del taglio del cordone ombelicale.

Twist

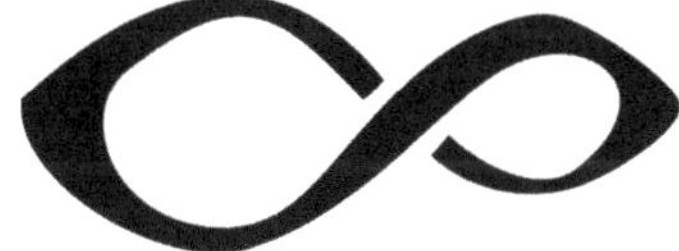

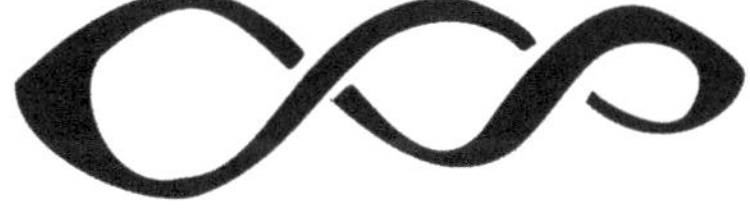

Il twist (torsione, qui orizzontale ma solitamente verticale) simboleggia **amore eterno** e **unione**. Rappresenta due vite che, anche se separate a volte (ad esempio per un viaggio) torneranno sempre insieme alla fine. La versione con triplo twist indica solitamente l'**incontro di culture diverse**.

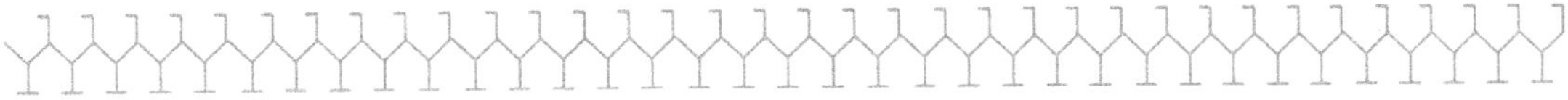

Il sentiero di Kamehameha

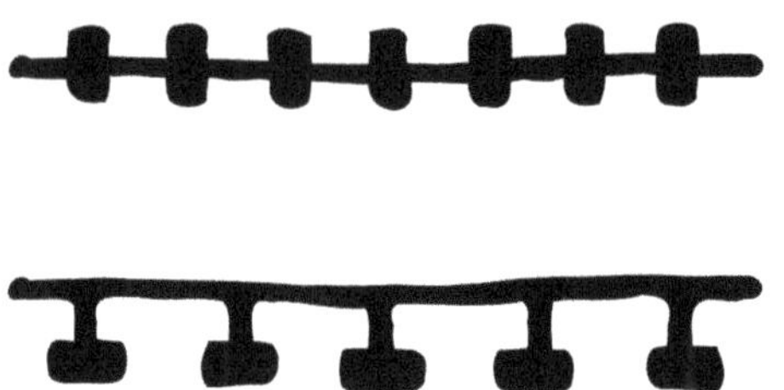

Kamehameha fu un famoso re che unificò le isole Hawaii attraverso battaglie e istituì formalmente il Regno di Hawaii nel 1810, garantendo la pace e la prosperità alle generazioni future. Questo motivo chiamato "sentiero di Kamehameha" viene solitamente usato per rappresentare una **sfida**, un **percorso difficile** che porta al successo.

Pietre miliari

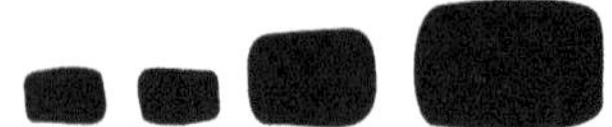

Rappresentano **conquiste, successi**.

Nota a margine:
i disegni tradizionali non dovrebbero includere elementi che non appartengono alle culture del Pacifico (quelli rigorosamente tradizionali dovrebbero inoltre limitarsi ad un unico stile per disegno), ma ci possono essere molte ragioni per decidere diversamente: può darsi che si vogliano incorporare elementi di altre culture perché si rifanno alla propria storia personale.
La nostra opinione è: fallo se è importante per te!
Inseriscili in modo che si integrino bene nel disegno polinesiano (si possono ridisegnare utilizzando elementi nativi) o lasciali spiccare per aggiungere un tocco esotico al tatuaggio.
Non sarà offensivo per le culture polinesiane se verrà fatto in modo rispettoso e attento.

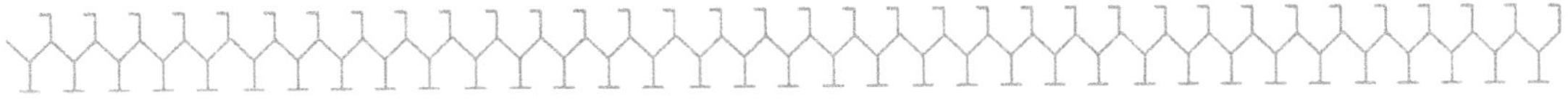

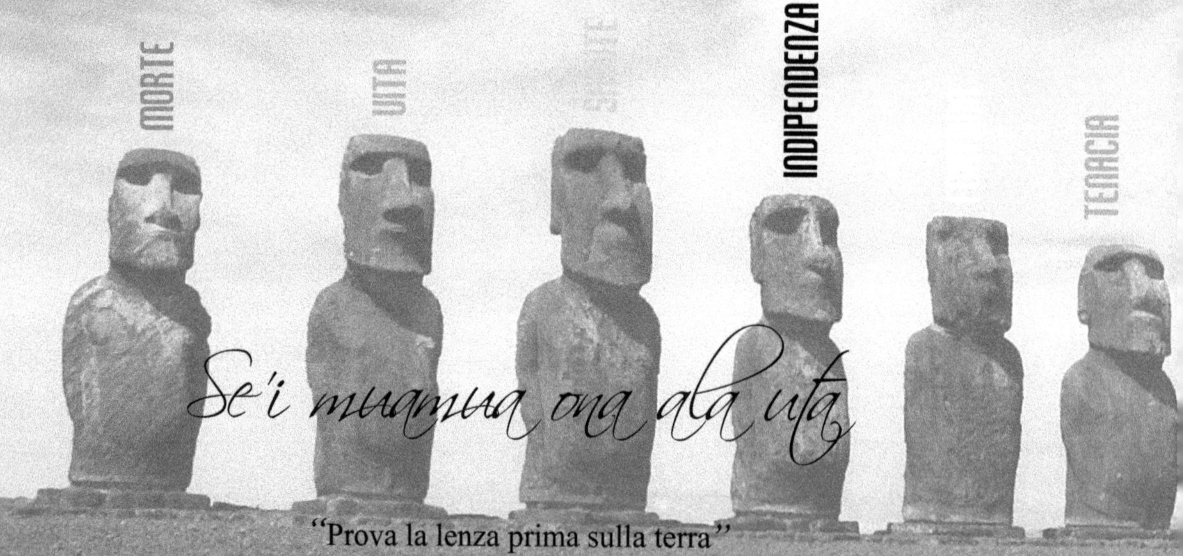

Se'i muamua ona ala uta

"Prova la lenza prima sulla terra"

"Rifletti prima di agire, non essere impulsivo"

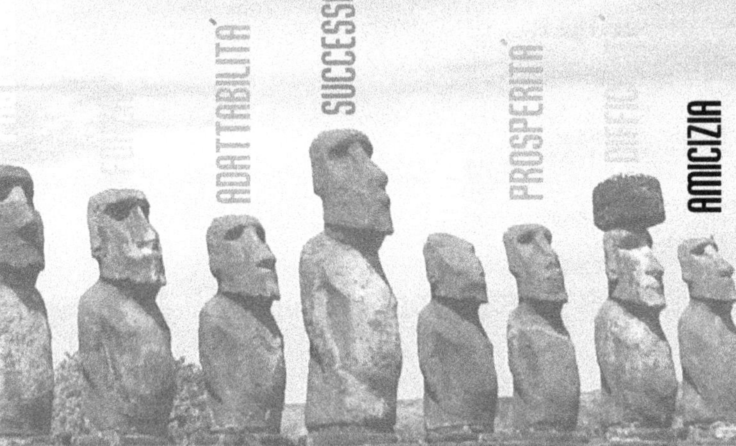
ADATTABILITÀ
SUCCESSO
PROSPERITÀ
AMICIZIA

"Se'i muamua ona ala uta"
—***Prova la lenza prima sulla terra****:*
Rifletti prima di agire, non essere impulsivo.

Se hai intenzione di raccontare una storia con un tatuaggio polinesiano, questo capitolo sarà il tuo fedele compagno di viaggio, un elenco pronto all'uso di molti elementi, sentimenti e qualità che potresti voler includere, il punto di partenza per decidere quali elementi saranno migliori per il tuo tatuaggio.

Ci sono spesso diversi modi ed elementi per rappresentare ogni significato. Riporteremo qui i principali, con gli elementi più utilizzati per primi e quelli secondari a seguire in ordine di importanza. Gli elementi più adatti vanno individuati in base al loro significato e a quanto bene si integrino nel disegno.

A

abbondanza: amo da pesca, rete, pesci, fiori di cocco, balena, onde, bonito, canna da zucchero

abilità: amo da pesca, ascia

abilità manuale: ascia, geco

acqua: onde

adattabilità: polpo, squalo

affetto: conchiglia

aiuto: due uccelli che si seguono, rete

aldilà: onde

allevare: balena

amicizia: delfino

amore: twist, conchiglia, fiori di frangipani, manta

antenati: ipu, aumakua, corda

armonia: croce marchesiana, manaia, onde

astuzia: squalo

audacia: punte di lancia

avanzare: canoa

avventura: canoa, te ara poutama

avversità: murene, onde contrarie

B

bambini: fiori, koru

bellezza: ibisco, manta, fiore di tiarè

benedizione: foglie di ti, kava

benessere: amo da pesca

buone vibrazioni: fiori di ibisco, manta, palme, sole

C

calma: tartaruga, sole

cambiamento: onde

capo: mere, amo da pesca

carpe diem: fiore di ibisco

ciclo di vita e morte: croce marchesiana

cielo: ani ata, motivi semicircolari

comando: mere

combattività: centopiedi, punte di lancia, barracuda, squalo martello

comunicazione: lucertola (con le divinità)

comunità: uccelli (se molti insieme), volpe volante, ani ata, treccia

conoscenza: ascia, amo da pesca, delfino

consapevolezza, coscienza: sole, ombelico

continuità: koru (della vita), onde (nel cambiamento)

coppia: enata appaiati, conchiglia bivalve, ipu appaiati

coraggio: mere, punte di lancia, kena

creatività: ascia

crescita: koru

cura: balena, tartaruga

D

dedizione: nome (non esiste un alfabeto polinesiano: riferirsi per questo all'appendice sui maorigrammi), motivo a scacchi

denaro: conchiglie (il sole per il successo)

determinazione: squalo martello, centopiedi

devozione: tiki, frangipani

discendenza: doppio koru, ipu, doppia spirale e spirale

disponibilità: canoa, amo da pesca

dissimulare: manta (specialmente le emozioni)

divinazione: lucertola

divinità: tiki, lucertola, aumakua

donna: ipu, conchiglia bivalve, fiori, enata

duro fuori ma tenero dentro: riccio di mare

E

eleganza: manta, fiore di tiarè

elementi (equilibrio degli): croce marchesiana, manaia

elevarsi: uccelli

energia: sole, coda di bonito, volpe volante, manta

equilibrio: croce marchesiana, manaia, tiki

eroe: kena

eternità: sole, spirale, croce marchesiana

F

famiglia: tartaruga marina, foglie di lino, treccia, corda

fede: rete, corda

felicità: sole, fiori

femminile: ipu

femminilità: fiore di ibisco, fiore di frangipani, fiore di tiarè

fertilità: tiki, ipu, koru, tartaruga

fiducia: mere

figli: koru, doppio koru, fiori

figlio unico: colombo

fondamenta: tartaruga

fortuna: lucertola, sole, amo da pesca

forza: lance, ascia (fisica e morale), squalo martello, denti di squalo

forza spirituale: tiki, aumakua

fratellanza: condividere lo stesso tatuaggio, colombi appaiati

fruttifero: fiori

fuoco: uccelli

G

genealogia: ipu appaiati, doppia spirale

generosità: rete, canoa

gentilezza: fiore di tiarè

giocosità: delfino, fiori

gioia: delfino, sole, fiori

giustizia: mere

grandezza: mere, sole, amo da pesca, ani ata

grazia: fiore di tiarè

guardiano: tiki, manaia, taniwha, aumakua

guarigione: fiore di puawananga, kava, polpo, croce marchesiana

guerriero: punte di lancia, kena, centopiedi

guida: stelle, tiki, squalo

H

I

impegno: braccialetto a scacchi

impresa: manta, amo da pesca, pietra miliare

imprevisto: murena

incontro: doppia spirale, treccia, triplo twist (incontro di culture)

indipendenza: ombelico

ingegnosità: polpo

insegnamento: ascia

intelligenza: amo da pesca

intimità: conchiglia

intraprendenza: amo da pesca

iperattività: volpe volante

istinto materno: volpe volante, pipistrello, balena

J - K

L

lavoro di squadra: canoa, treccia, rete

leadership: sole, mere

lealtà: cane

legami: treccia, ani ata, twist (amore eterno), delfino

letale: orca

libertà: uccelli, manta, farfalla

longevità: tartaruga

lotta: murena, onde contrarie, sentiero di Kamehameha

luce nell'oscurità: riccio di mare

luminoso: sole

luogo di riposo: onde

M

madre: ipu

magia: lucertola

malattia: murena

male: murena

mare: onde, manta

matrimonio: enata appaiati, motivo a scacchi, ipu appaiati, delfino

maturità: felce adulta

maschile: punte di lancia

mente acuta: marlin, pesce spada

mete: punti, pietre miliari (raggiunte), marlin (inseguire i traguardi)

morte: onde (solitamente contrarie), murena

N

nascita: koru, ipu

navigare: canoa, uccello

navigatore: tartaruga di mare, onde

nobiltà: mere, volpe volante

nuovo inizio, nuova vita: koru

O

onestà: mere, amo da pesca

onore: mere

operosità: volpe volante, ascia

orgoglio: uccelli (un uccello diverso in mezzo a molti uguali)

osservazione: geco

P

pace: palme da cocco, fiori, kava, mere, sole

padre: tiki

passione: fiore di ibisco

pazienza: tartaruga

percettività: geco

percezione extrasensoriale: geco, lucertola

percorso: canoa, sentiero di Kamehameha, treccia (della vita)

percorso verso la conoscenza: te ara poutama

pericolo: murena

perseveranza: bonito, squalo martello

persone: enata, foglie di lino

positività: sole, fiore

potere: sole, barracuda, squalo

poteri soprannaturali: geco, lucertola

promessa: amo da pesca

prontezza: ascia, amo da pesca

prosperità: amo da pesca, pesci, fiore di cocco

prospettiva più alta: uccelli

protezione: tiki, manaia, taniwha, aumakua, denti di squalo, squame di pesce, manta, squalo martello, orca

purezza: frangipani, sole

Q

R

rapido: marlin, uccello, orca

responsabilità nella comunità: canoa, mere

ribellione: centopiedi

ricerca: fregata, rete, geco

rifugio: conchiglia, tartaruga, frangipani

rigenerazione: koru, lucertola

rinnovamento: koru che si srotola, luna

rispetto: mere, rete, onde

risveglio: koru

ritorno sicuro: gabbiano

S

saggezza: delfino, balena

salute: geco, lucertola

scoperta: fregata, tartaruga marina

sensualità: fiore di tiarè

senza pensieri: farfalla, fiore di ibisco

serenità: palme, fiore di ibisco

sessualità: conchiglia, fiore di ibisco, punte di lancia, murena

sfida/sfidare: maschera di guerriero o tiki con la lingua di fuori

socialità: delfino, volpe volante, pipistrello

soffio vitale: te ha

solidarietà: rete

sopravvivenza: lucertola

speranza: sole

spirito delle isole (island vibe): fiore di ibisco, palme

spirito maligno: murena

stabilità: montagne, enata

stabilità nel cambiamento: onde

successo: sole, amo da pesca, uccello

superare gli ostacoli: ascia, punte di lancia

T

tenacia: squalo martello, centopiedi

terra: montagne, foglie di lino

tesoro nascosto: conchiglia

tradizione: corda, treccia, doppio koru, ipu

trapassati: ani ata (antenati), tartaruga con enata

trasformazione: luna

U

unicità: si ottiene inserendo un elemento differente tra altri uguali

(vedere anche orgoglio)

unificare: treccia, corda

unità, unione: treccia, corda, rete, lino (famiglia), twist (amore)

universo: ani ata

uomo: enata

V

valore: punte di lancia

velocità: marlin, squalo

vento: ipu, croce marchesiana

viaggio: tartaruga di mare (per mare), fregata, onde, canoa

vigilanza: gabbiani

vita: koru, sole, lucertola

vita eterna: croce marchesiana

vitalità: sole

visione: lucertola

vittorioso: sole, mere

volo: uccelli, manta

W - X - Y

Z

zelo: ascia di pietra

A'ohe hana nui ka alu'ia

"Nessun compito è troppo arduo se affrontato insieme"

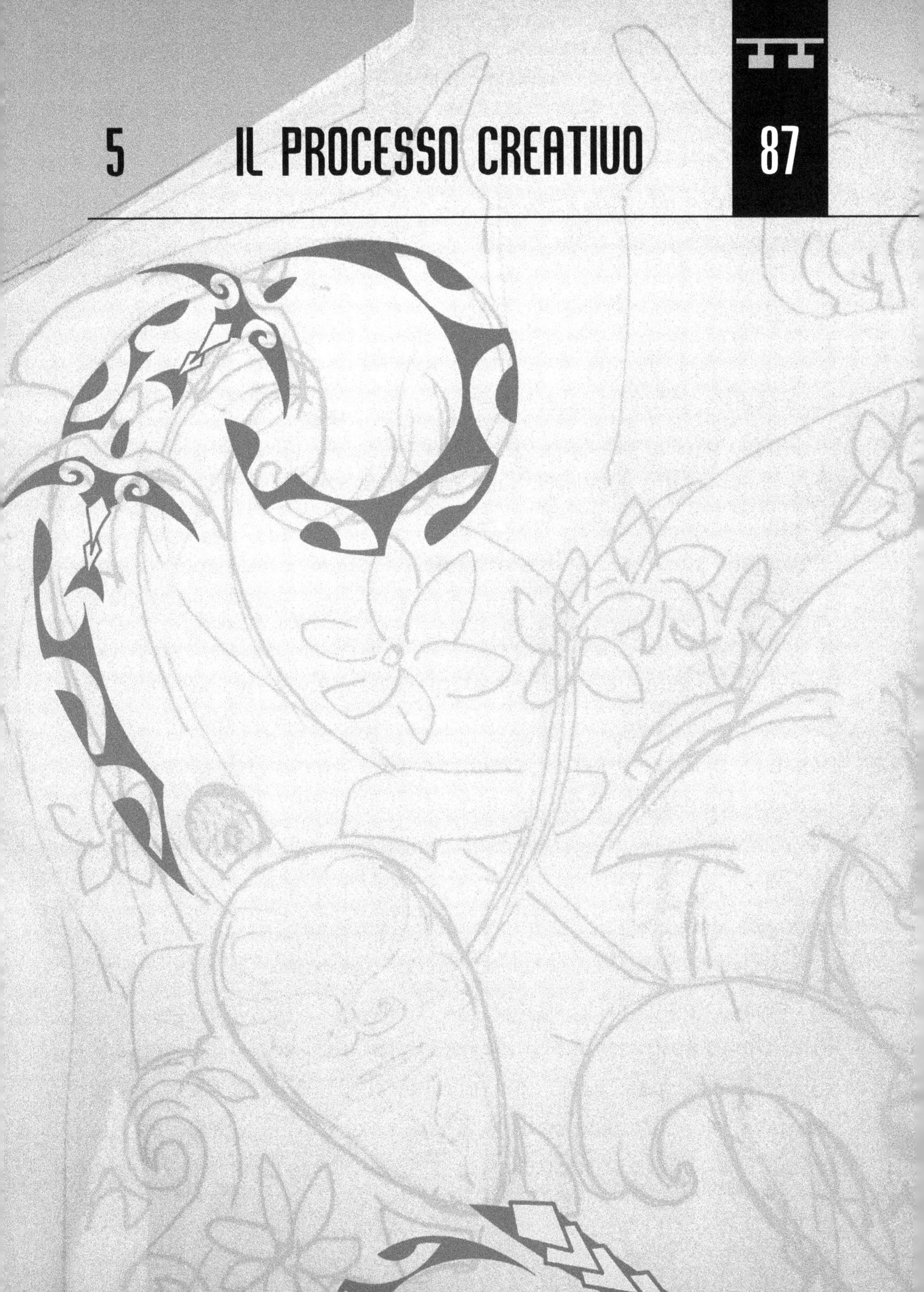

“A'ohe hana nui ka alu'ia”
—Nessun compito è troppo arduo se affrontato insieme

I tatuaggi possono avere un ruolo importante nella nostra vita e di conseguenza devono essere pensati bene. Quando scegliamo un tatuaggio dovremmo tenere ben chiaro in mente quali sono le ragioni che ci hanno fatto decidere, siano esse puramente estetiche o perché avrà un significato speciale per noi.

Soprattutto se si crea un tatuaggio in stile polinesiano, il suo significato diventa un aspetto importante del processo decisionale e dovremmo iniziare a considerarlo attentamente.

Quando si decide di preparare un tatuaggio di questo tipo, è fondamentale avere la mente calma e rilassata. Questo eliminerà eventuali malumori permettendo ai nostri sentimenti interiori di guidarci nella scelta. Concentrati su ciò che vuoi esprimere e lascia che il tatuaggio trovi la sua strada dentro di te: di solito non siamo noi a trovare il nostro tatuaggio, sono i nostri tatuaggi che trovano il modo per giungere a noi se impariamo ad ascoltare.

Non imbarcarti nell'impresa se sei di malumore o guidato da sentimenti come la rabbia e la tristezza. Un tatuaggio può influenzare i nostri sentimenti, le nostre azioni, il nostro stesso modo di vivere: ti piacerebbe un promemoria indelebile che ripete "tristezza, disperazione” ogni volta che lo guardi, o sarebbe meglio uno che dica "spera, sii forte"?

Ultimo consiglio: non avere fretta. Il tuo tatuaggio durerà tutta la vita; cosa sono pochi giorni o anche mesi quando si crea qualcosa di praticamente eterno? Continua a cambiarlo se non sei soddisfatto al 100%. Quando il disegno sarà quello giusto, lo saprai!

Un canto da tatuaggio Samoano (canti intonati durante l'applicazione di un tatuaggio) dice:

E isia le 'ula, isia le fau,
'A e le isia siau tatau,
'O siau 'ula tutumau,
E te alu ma 'oe i le tu'ugamau.

La collana si rompe, la corda si rompe,
Ma il tuo tatuaggio non cadrà in pezzi,
Questa collana è per sempre,
E ti seguirà nella tomba.

Quando sei sicuro dei significati e della posizione, puoi dare uno sguardo alla guida rapida del capitolo precedente per identificare gli elementi che ti aiuteranno a trasmettere correttamente il significato. Fai una lista e controlla il capitolo sui simboli per selezionare quelli che si adattano meglio alla tua idea (ricorda che ci sono di solito più elementi a disposizione per rappresentare lo stesso concetto).

La scelta degli elementi è anche influenzata dallo spazio che hai a disposizione: dimensioni più grandi consentiranno una scelta più ampia, mentre dimensioni più piccole potrebbero richiedere l'uso di elementi più stilizzati.

Una volta che hai i significati e gli elementi, è necessario trovare il modo di integrare gli elementi in modo corretto. Riordina l'elenco per importanza: gli elementi più importanti saranno più grandi o centrali nella progettazione e quelli secondari saranno utilizzati per completare il disegno. Se vuoi raccontare una storia, gli elementi verranno disposti in modo sequenziale, uniti in un flusso in cui ogni aspetto è legato a quello successivo come in una catena.

Un disegno ben strutturato dovrebbe scorrere lungo i muscoli seguendo e migliorando le linee del corpo senza spezzarle. Gli elementi rotondi sono più adatti per le articolazioni come le caviglie e le spalle o per il petto; gli elementi allungati si adattano bene a braccia e gambe; le forme triangolari si adattano perfettamente alla parte superiore e inferiore della schiena e a inguine e scapola ad esempio.

I tatuaggi a manica samoani sono perfetti per mostrare come, seguendo l'anatomia, si possano creare disegni spettacolari:

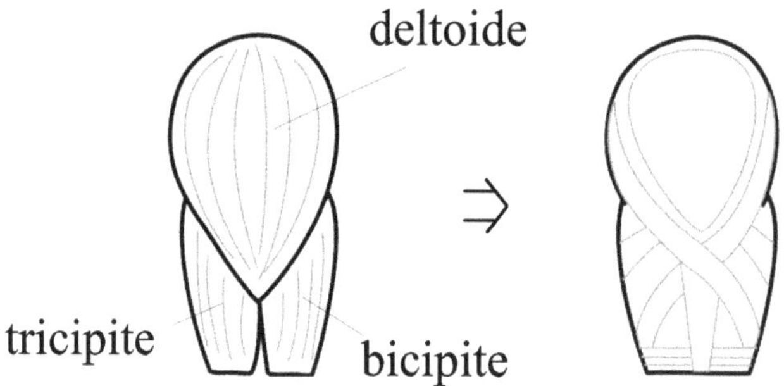

Praticamente ogni disegno può essere adattato a seguire le linee del corpo, magari integrandolo con altri che ne condividono il significato:

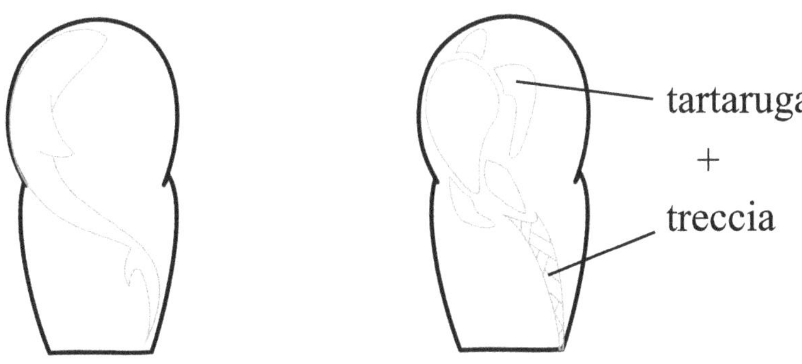

Se ne hai la possibilità, scatta una foto della zona da tatuare e usala come sfondo su cui disegnare; stampane più copie in modo da poter provare diverse soluzioni confrontandole per capire quale ti piace di più. Inizia a buttare giù gli elementi con linee semplici: ciò che è importante ora non è fare un bel disegno (quello sarà il risultato finale), ma creare un semplice progetto in cui tutte le parti si uniscono per trovare la propria collocazione ideale.

Se non ti senti a tuo agio a disegnare a mano libera, ti basta tenere l'immagine sul computer, navigare in internet e cercare le foto degli animali che desideri includere nel tuo progetto, possibilmente nella stessa posizione desiderata (ad esempio, una tartaruga che nuota, vista dall'alto), ridimensionarle e posizionarle sulla foto.

Non sei pratico di programmi grafici? Stampa tutto e fai un po' di collage! Queste saranno le tue bozze iniziali.

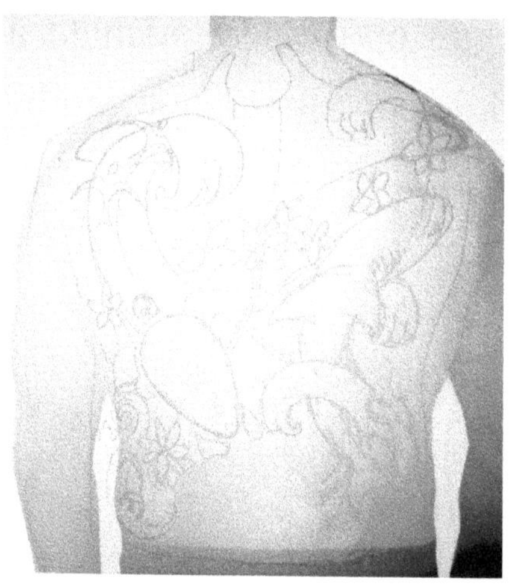

Non preoccuparti se non sembra perfetto da subito: hai tutto il tempo per studiarlo, capire quello che sembra sbagliato o fuori posto, e cambiarlo. Quante più volte lo ripeterai, tanto più l'intero processo diventerà naturale e veloce.

Dopo aver completato il disegno si può iniziare a sostituire gli elementi abbozzati con i corrispondenti simboli polinesiani:

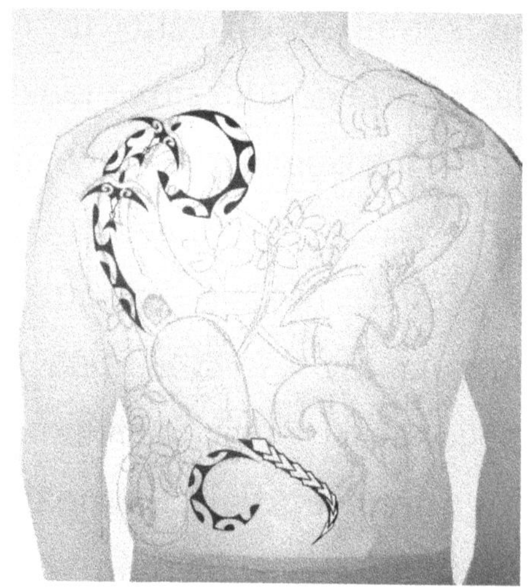

In generale, i disegni maschili avranno contorni ed elementi più marcati e quelli femminili avranno elementi più piccoli con contorni più sottili e maggiori spazi vuoti tra di loro.

Come nota a margine, lo spazio tra i vari elementi dovrebbe essere di almeno 1,5 millimetri in modo che il tatuaggio non degradi a una macchia nera col tempo. Dal momento che i colori solitamente non sono presenti nel tatuaggio tribale tradizionale, gli spazi vuoti hanno quasi la stessa importanza delle aree nere: possono attirare l'occhio verso elementi specifici e possono contribuire ad aggiungere significati al disegno completo (basti pensare agli elementi vuoti a forma di *koru* nei tatuaggi maori).

Casi di studio

Analizzeremo alcuni disegni in dettaglio per vedere come sono stati strutturati e farci un'idea di cosa avviene dietro le quinte.

Per favore, non copiare questi disegni: ognuno racconta la storia di una persona che non sei tu... li riportiamo solo per darti una panoramica sul processo di creazione ed aiutarti a progettare i tuoi!

- bracciali di Jakub
- manica corta di Domiziano
- mezza manica di Poulomi
- tatuaggio per caviglia di Michelle

Bracciali di Jakub

Jakub ha richiesto due bracciali per rappresentare l'unione tra lui e sua moglie Anna, con i loro nomi all'interno del disegno:

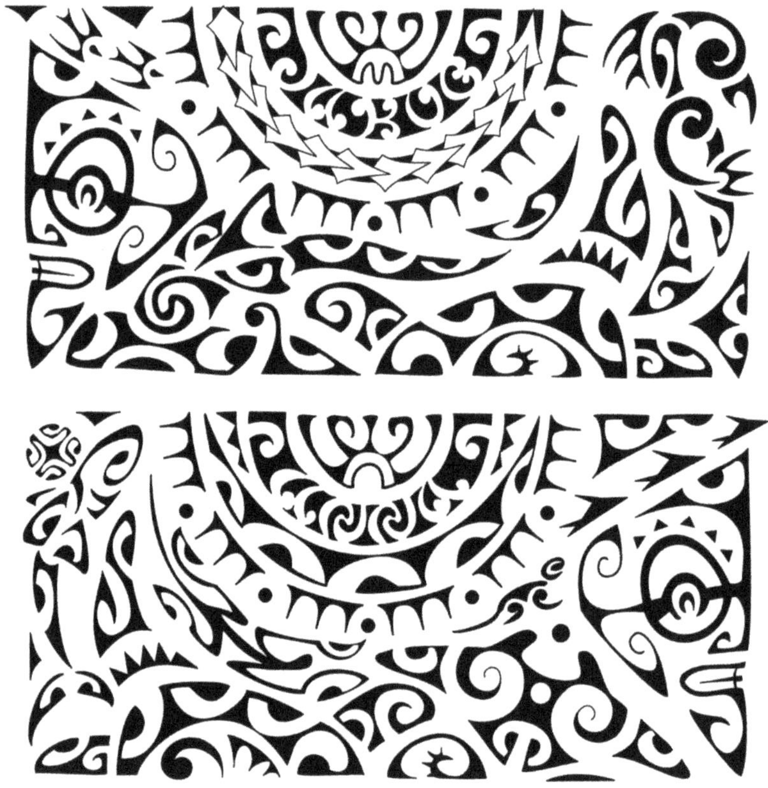

Elementi e significati richiesti:

matrimonio, unione, amore, protezione, forza, tartaruga, sole, squalo, amo da pesca, lucertola, manta, onde, geco, squalo martello, nomi Jakub e Anna.

passo 1: decidere gli elementi appropriati

Enata: uomo e donna
Tartaruga: famiglia
Doppia spirale: unione
Sole: eternità, positività, gioia
Conchiglie: amore, intimità
Tiki: protezione
Punte di lancia: forza, guerriero
Luna: femminilità, fertilità
Squalo martello: determinazione, tenacia
Manta: bellezza, eleganza
Squalo: adattabilità
Pesci ed amo da pesca: abbondanza, prosperità
Lucertola: fortuna
Geco: salute
Onde: cambiamento
Koru: nuova vita
Montagne: stabilità
Isole: mete, i luoghi da raggiungere
Uccelli che si seguono: aiuto alle persone care
Croce marchesiana: armonia, equilibrio
Maorigrammi per i nomi

Consultare la guida rapida può aiutare a velocizzare il processo.

passo 2: decidere come disporli

Abbiamo due bracciali separati che devono rappresentare unione, la creazione di una famiglia attraverso il matrimonio di due persone. Ogni bracciale rappresenterà quindi una delle due e alcuni elementi saranno condivisi.

Abbiamo mantenuto il braccio destro (più forte) per lui e quello di sinistra (più vicino al cuore) per la moglie: la figura umana al centro di quello di Jakub rappresenta lui, l'uomo, circondato da un maorigramma del suo nome (vedi appendice per maggiori informazioni sui maorigrammi) e da punte di lancia (il guerriero, forza, coraggio), con un sole intorno (eternità, positività) fatto di montagne e isole (la stabilità e il luogo da raggiungere); quello di sua moglie incorpora al centro una figura femminile circondata dal maorigramma del suo nome Anna, con una luna di onde (femminilità, fertilità) al posto delle punte di lancia, circondata sempre dal sole:

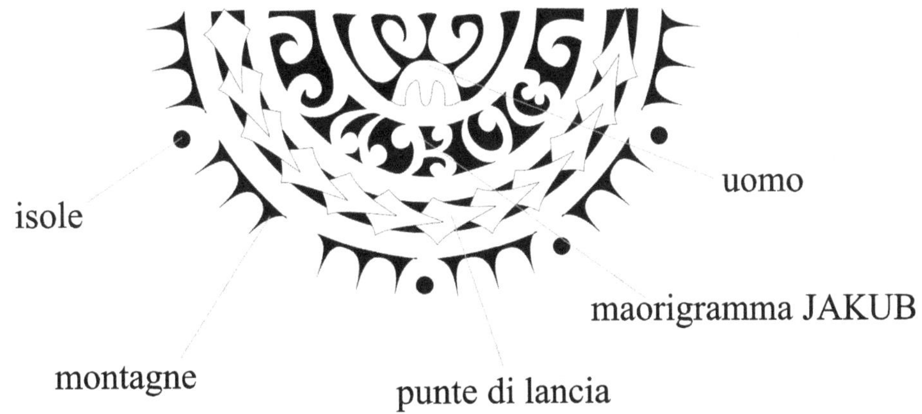
isole
uomo
maorigramma JAKUB
montagne
punte di lancia

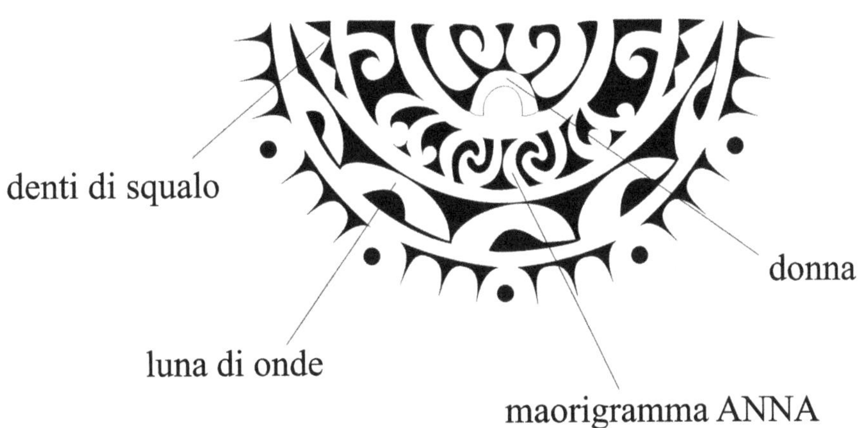
denti di squalo
donna
luna di onde
maorigramma ANNA

Abbiamo scelto la tartaruga per simboleggiare la famiglia. È stata divisa in due per essere parte di entrambi i bracciali e punta verso la parte anteriore delle braccia per simboleggiare che durerà nel futuro.
Le pinne anteriori della tartaruga sono create con ami da pesca per portare prosperità alla famiglia.
La tartaruga di Anna poi ha un *koru* all'interno per simboleggiare che un giorno porterà nuova vita.

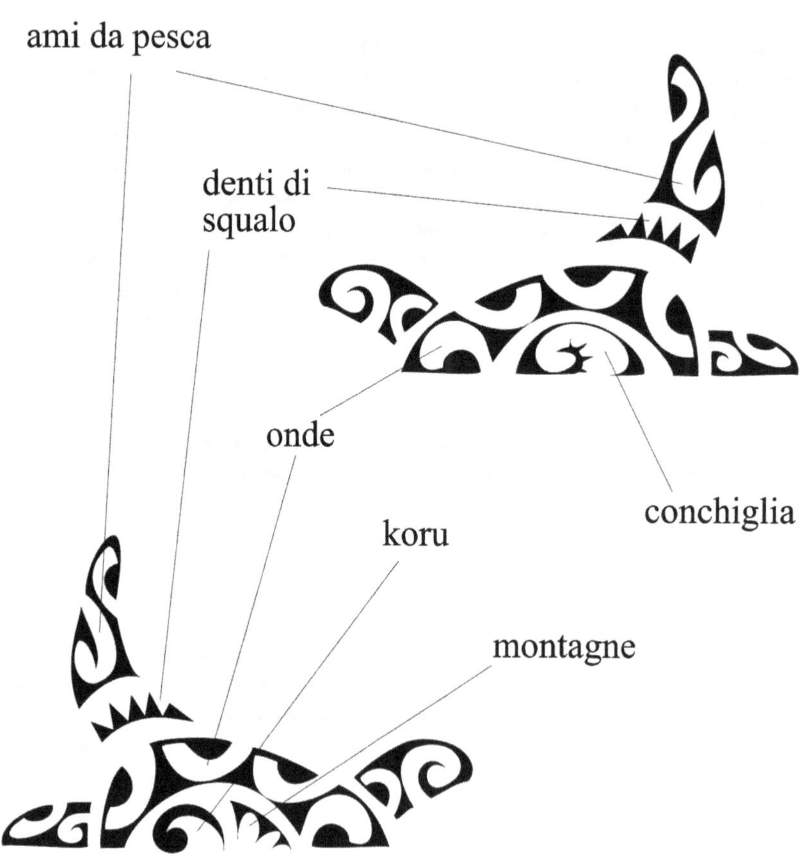

Ci sono mezzo sole e mezza tartaruga su ogni bracciale per simboleggiare come la gioia e la famiglia siano solo a metà se Jacob e Anna sono separati e diventino completi quando sono insieme. Entrambi i bracciali condividono la stessa conchiglia (amore, intimità) e i *tiki* per proteggerli, uno su ciascun lato:

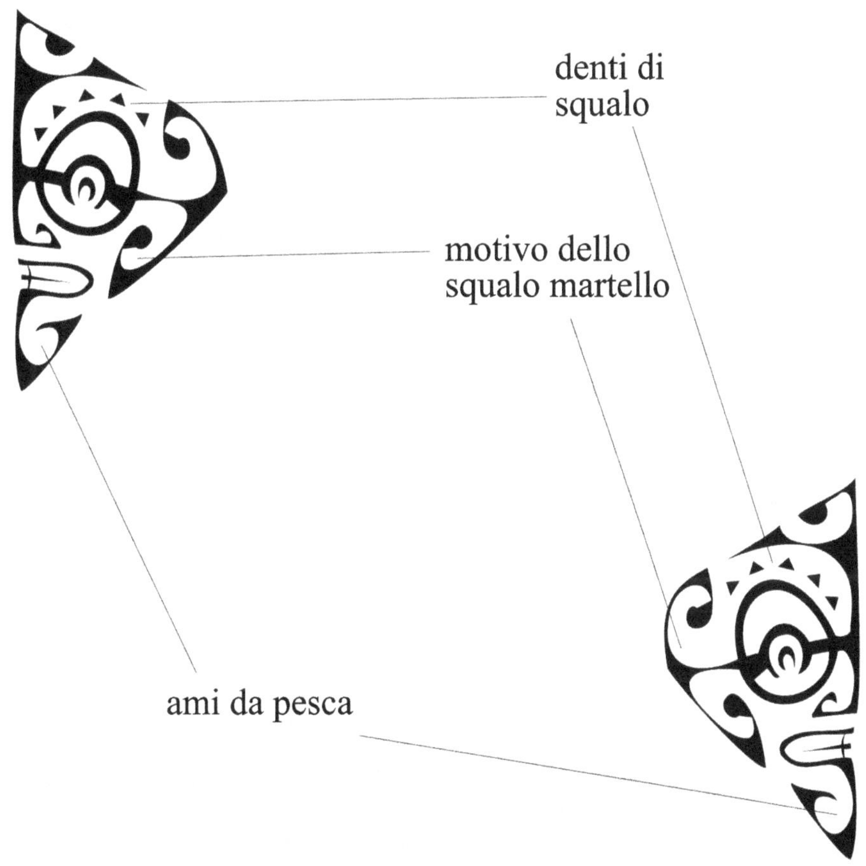

Altri elementi sono specifici per ogni bracciale a simboleggiare che, anche se diventano un tutt'uno, conservano la propria individualità, che portano nella famiglia per renderla completa.

Il bracciale di Jakub include uno squalo martello (determinazione, tenacia e forza), un manaia (protettore, angelo custode) e due colombi che si seguono (aiuto garantito alle persone care).

Quello di Anna include una manta (bellezza, eleganza), uno squalo (adattabilità), una croce marchesiana per l'armonia, una lucertola e un piccolo geco (fortuna e salute).

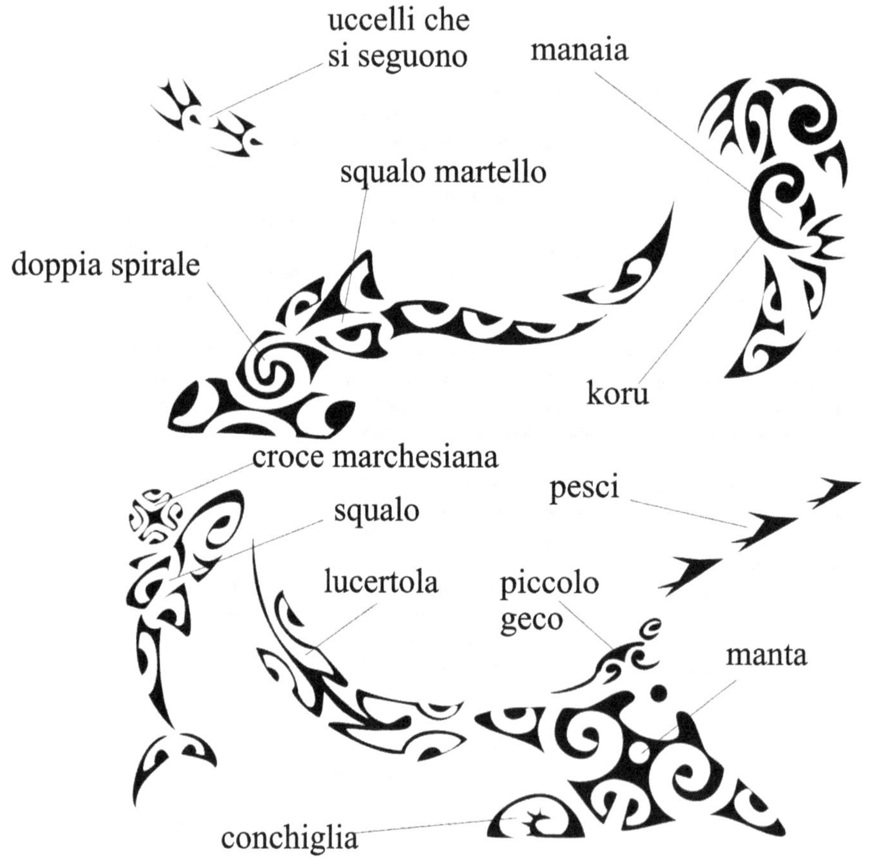

Manica corta di Domiziano

Domiziano ha richiesto un tatuaggio a manica corta per il braccio sinistro, che rappresenti alcune cose importanti nella sua vita.

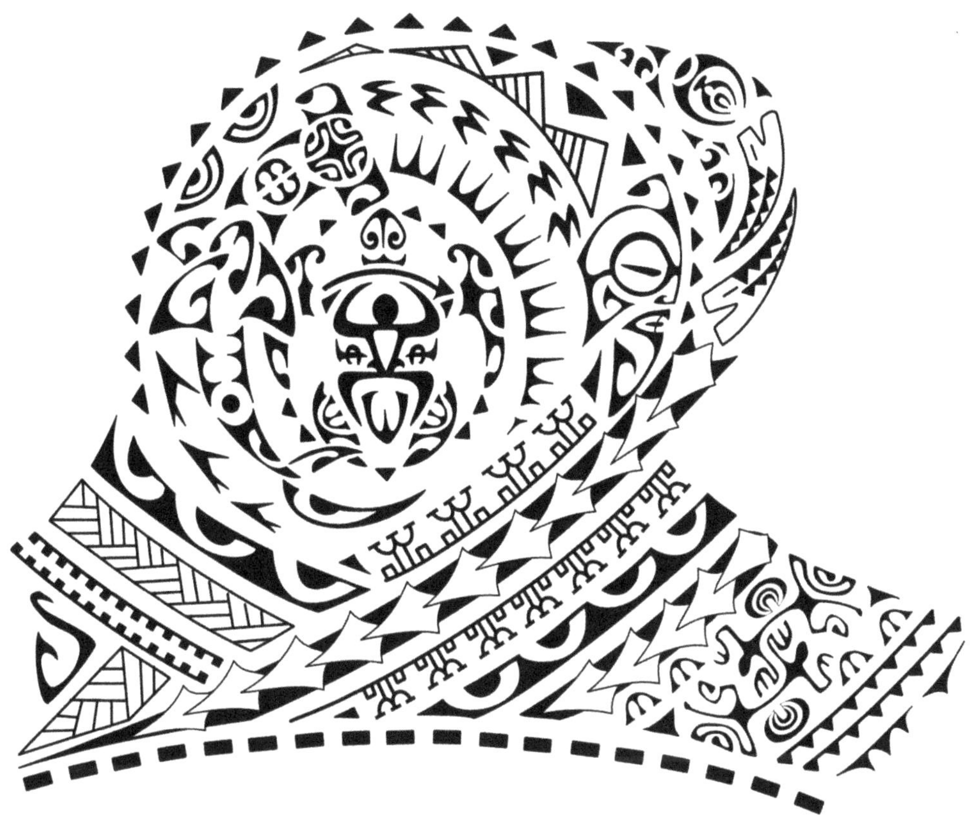

Elementi e significati richiesti:

importanza della famiglia, tenacia, determinazione, viaggi, lotte che ha vinto (lottatore semiprofessionale e istruttore di difesa personale), protezione contro le avversità, buona fortuna.

passo 1: decidere gli elementi appropriati

Tartaruga: famiglia
Punte di lancia, kena: guerriero, lottatore, forza
Maschera guerriera: sfida
Squalo martello: tenacia, determinazione
Enata: amici e avversari
Onde: cambiamento
Sole: successo, positività
Uccelli: viaggi
Pesci, amo da pesca: prosperità
Tiki, occhio che-tutto-vede, mani e occhi di tiki: protezione
Murene: avversità
Lucertola: fortuna
Ipu: fertilità
Montagne: stabilità
Denti di squalo: adattabilità, protezione
Treccia: unione
Pietre miliari: successi ottenuti

passo 2: decidere come disporli

Questo tatuaggio parla di un combattente, per mestiere e per natura, un guerriero, e questo sarà il tratto principale del disegno, che dovrà scorrere lungo le linee dei muscoli al fine di evidenziarle.

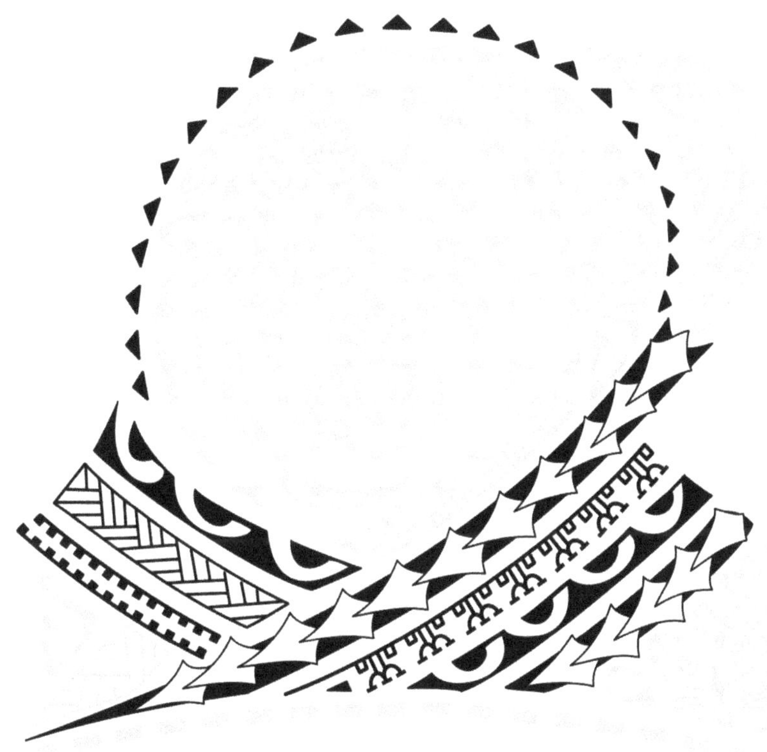

Le caratteristiche principali sono forza, determinazione, valore e tenacia, simboleggiate dallo squalo martello, dal *kena* (il guerriero che impugna una lancia sopra la testa) e dalle punte di lancia. Lo stesso *kena* è disegnato in modo da ricordare una maschera guerriera con la lingua di fuori in segno di sfida ai nemici.

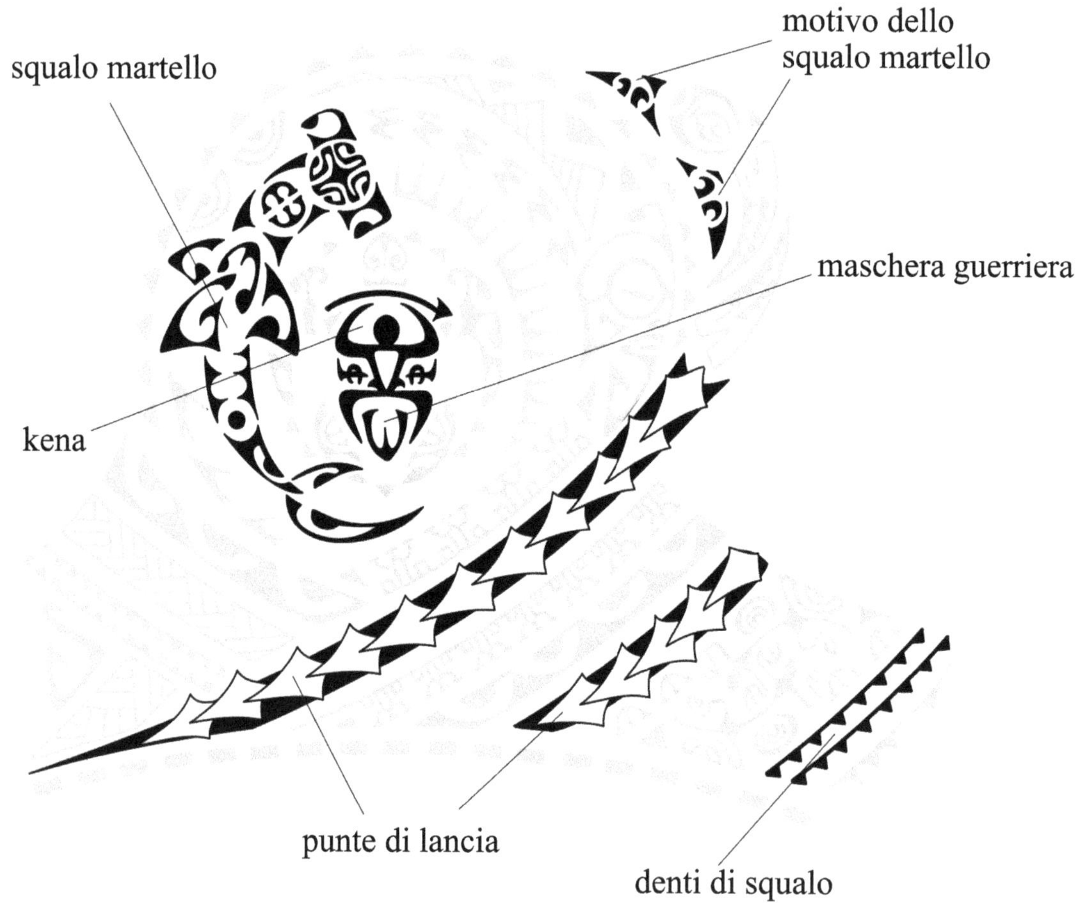

Protetta nel centro della sua vita per simboleggiarne l'importanza, la tartaruga rappresenta la sua famiglia, con il doppio guerriero che ne forma il guscio e la protegge da ogni cambiamento (le onde che ne modellano le pinne anteriori).

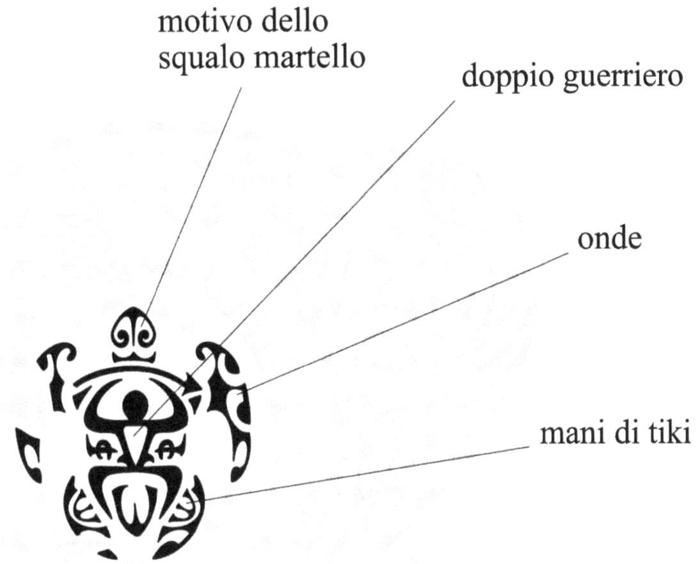

La tartaruga è anche circondata e protetta da uno squalo martello (determinazione, protezione) a sinistra e da un sole (gioia, positività, successo) a destra. Un secondo sole formato da denti di squalo (adattabilità) circonda la spalla esternamente e ne riprende le caratteristiche.

Ci sono diversi simboli di protezione in questo disegno, come mani e occhi di *tiki* e l'occhio che-tutto-vede sul retro della spalla, dove, insieme ad un *tiki*, mantiene a bada le difficoltà passate (le murene). Una delle murene è rivolta verso l'alto e l'altra verso il basso a simboleggiare le sfide spirituali e fisiche affrontate e superate nel passato.

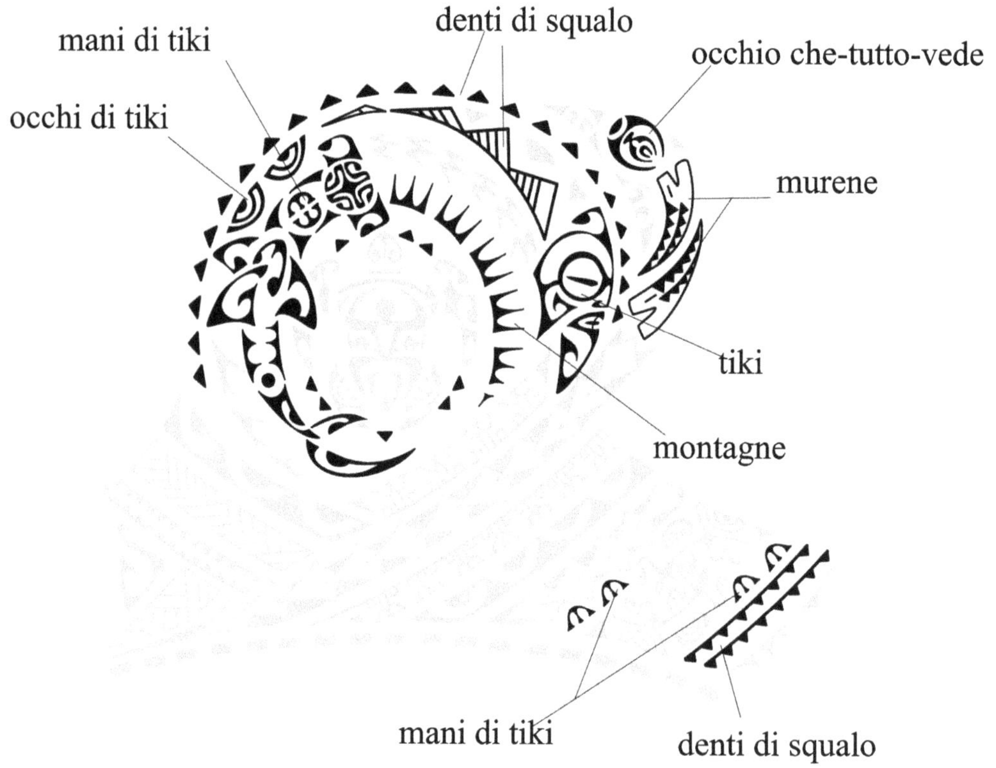

Uccelli e pesci di questo tatuaggio simboleggiano libertà, aiuto e prosperità, tutti incentrati sulla famiglia; abbiamo aggiunto una croce marchesiana per equilibrio e armonia e due lucertole per buona fortuna. Il sentiero di Kamehameha rappresenta il percorso difficile che conduce alla prosperità (l'amo da pesca) e la fila di pietre miliari in fondo al tatuaggio rappresenta i successi su cui Domiziano ha costruito la sua nuova vita.

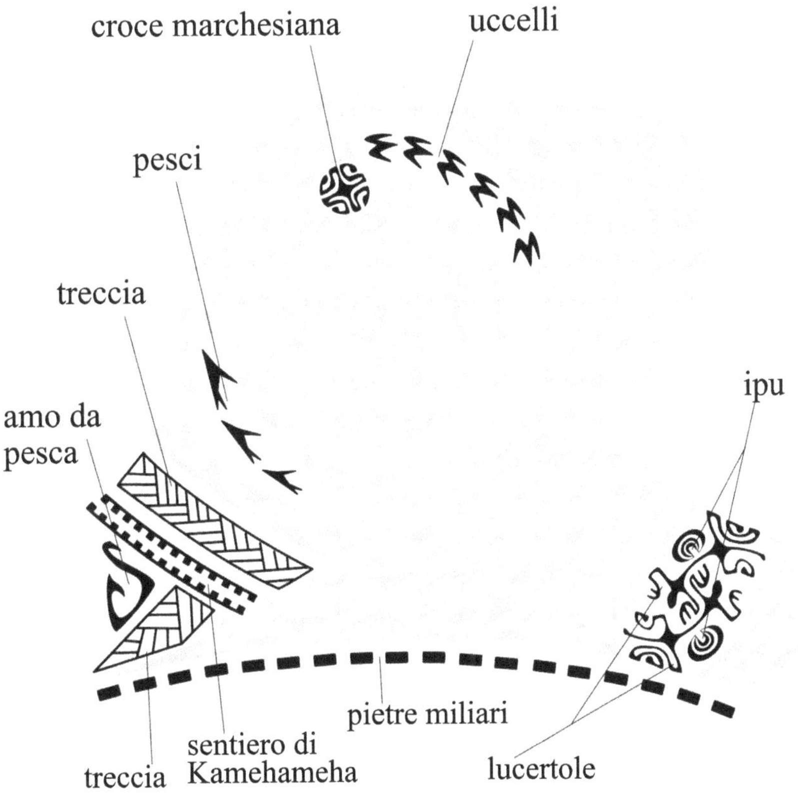

Una fila di punte di lancia nel bracciale ha due file di elementi simili sopra e sotto, specchiate l'una rispetto all'altra. Sono due file di *enata* (persone): la fila inferiore di uomini, capovolti, rappresenta gli avversari vinti da Domiziano (insieme a difficoltà e cambiamenti negativi rappresentati dalle onde che scendono nella parte posteriore del braccio), tenuti lontano e a bada. Sopra, gli uomini in piedi rappresentano i veri amici (meno ma più grandi), che sono più vicini a lui, nel suo cerchio interno, insieme con le onde che vanno verso l'alto che simboleggiano cambiamenti positivi.

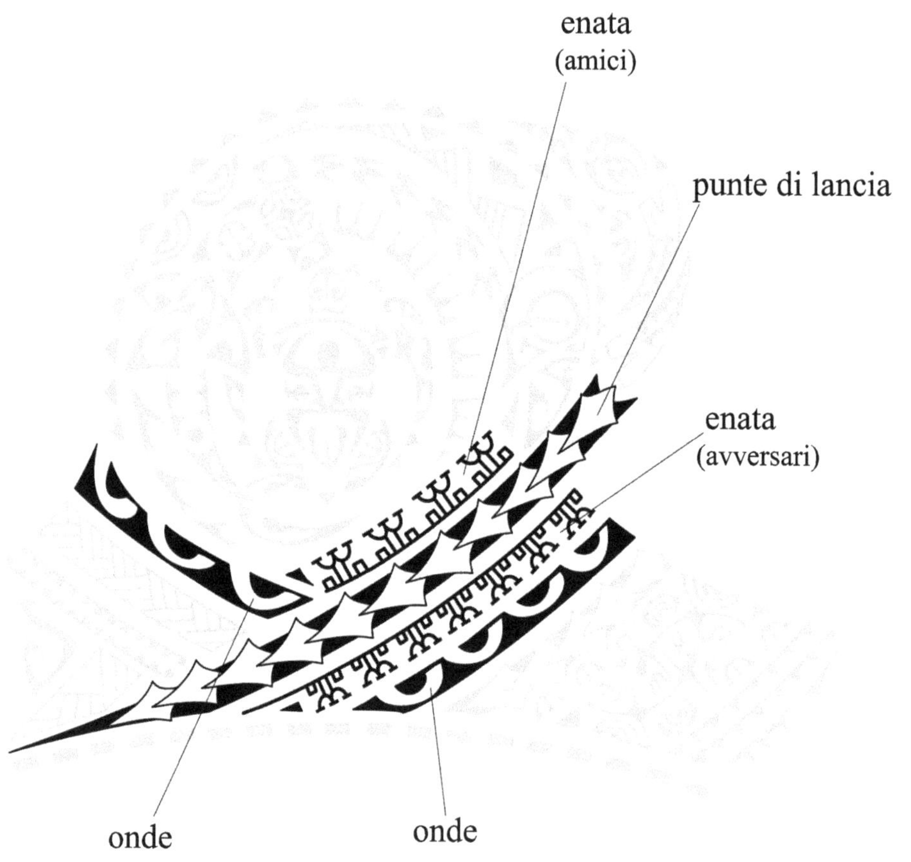

Fuoco di Poulomi

Poulomi ha richiesto un disegno per il braccio sinistro, dalla spalla al bicipite, che rappresenti la sua vita e alcune persone per lei importanti.

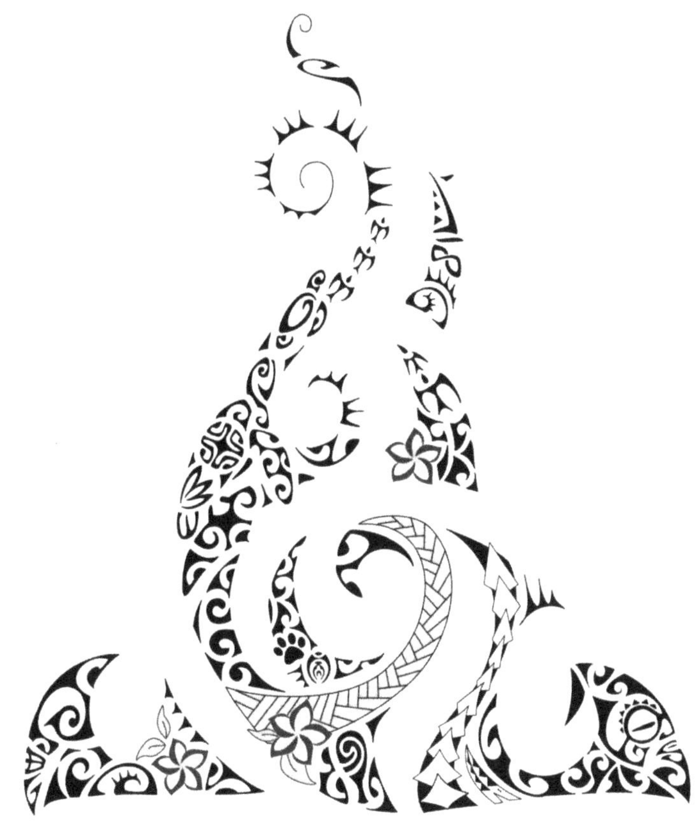

Elementi e significati richiesti:

il fuoco come elemento dominante, cambiamento, coraggio, la passione di lottare per ciò in cui si crede, il suo ragazzo, il suo cane, i membri della sua famiglia. Poulomi sente la mancanza di suo nonno, che è stato il protettore della famiglia; la nonna è una persona cara e amorevole e la madre l'ha cresciuta senza risparmiarsi. Il suo cane ha illuminato molti momenti della sua vita ed ha ora bisogno del suo aiuto a causa del diabete.

passo 1: decidere gli elementi appropriati

Fuoco: passione, elemento dominante
Tiki: il protettore
Fiori di frangipani: le donne della famiglia
Mere: rispetto
Treccia: unione
Tartarughe e foglie di lino: famiglia
Punte di lancia: forza, coraggio, il guerriero
Onde: cambiamento
Colombi che si seguono: aiuto assicurato nel bisogno
Motivo dello squalo martello: determinazione, tenacia e forza
Manta: libertà, protezione ed eleganza
Sole: positività, energia
Koru: nuova vita
Amo da pesca: prosperità
Conchiglia: amore e rifugio sicuro, intimità
denti di squalo: adattabilità
Murene: difficoltà

Montagne: stabilità
Twist: amore eterno
Occhio che-tutto-vede: protezione dal male
+ 2 simboli non polinesiani
Impronta di zampa: cane
Barca a vela: navigare

passo 2: decidere come disporli

Dal momento che il fuoco è l'elemento dominante di Poulomi, che riflette il suo carattere e la passione che mette in ciò in cui crede, abbiamo deciso di modellare il suo tatuaggio come una fiamma che sale lungo il braccio. Come la sua vita è fatta di momenti vissuti con i suoi cari, così la sua fiamma è creata dall'unione delle fiamme più piccole che li rappresentano.

I tre fiori di frangipani simboleggiano femminilità e rappresentano le tre donne della famiglia; gli si può aggiungere un tocco di colore per simboleggiare la bellezza della vita.

La fiamma principale rappresenta Poulomi e dal basso verso l'alto (dalla materia allo spirito) troviamo: motivo dello squalo martello (determinazione e tenacia, forza), manta (libertà, protezione ed eleganza), tartarughe (famiglia, con una croce marchesiana per armonia, foglie di lino per unione e una mano di *tiki* per protezione). Gli uccelli rappresentano la libertà, guardare il mondo da una prospettiva più alta, e conducono al sole (positività, gioia e successo), a forma di *koru* per indicare un nuovo inizio. Gli elementi in alto sono un amo da pesca (prosperità) e un secondo *koru* stilizzato.

Alla base, vicino alla fiamma destra che rappresenta il nonno, una *mere* (una corta mazza usata dai capi) rappresenta il rispetto che ha per lui.

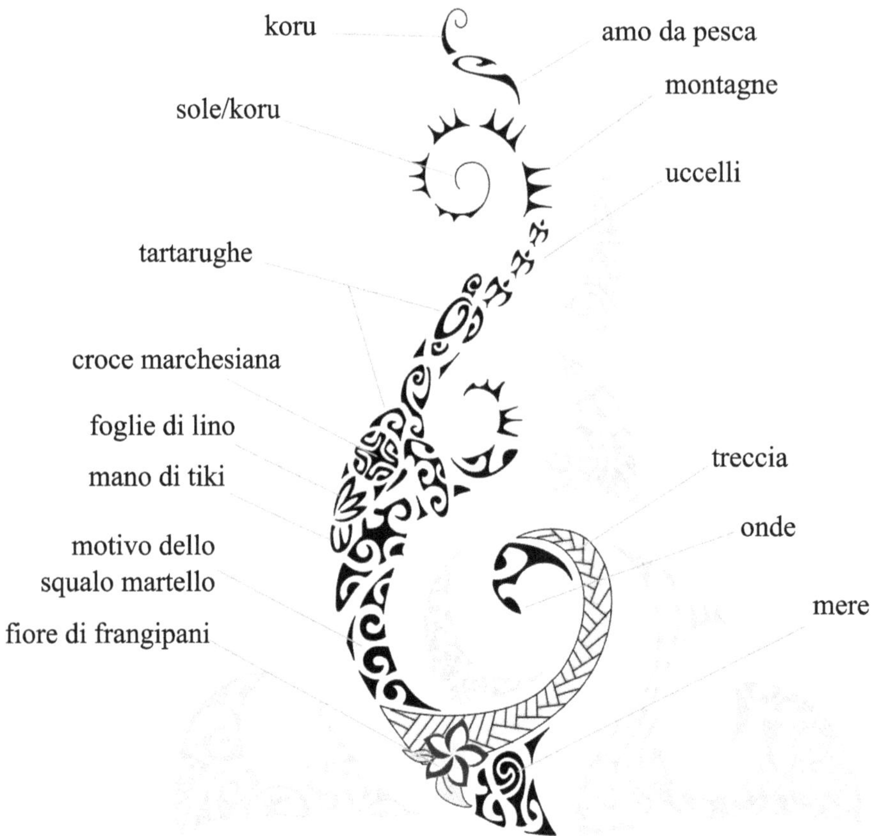

Nella pagina successiva, la grande fiamma sulla destra a forma di amo da pesca (prosperità, status) rappresenta il nonno Sati Nath (con un maorigramma delle lettere SN al suo interno). Era il protettore della famiglia (il *tiki* che guarda verso l'esterno).

La murena in basso rappresenta le difficoltà materiali che ha combattuto e superato con forza e coraggio (la fila di punte di lancia ed il motivo dello squalo martello rappresentano determinazione e tenacia, caratteristiche che lui e Poulomi condividono).
Il suo percorso inizia vicino a quello di Poulomi; si separano apparentemente (simboleggiato da uno spazio più ampio tra le due fiamme), ma alla fine si riavvicinavano. Dove le loro strade si reincontrano, la fiamma di Poulomi ha la forma di un koru (nuovo inizio) ed è formata da onde (cambiamento) e treccia (unione, a simboleggiare che sarà sempre con lei).

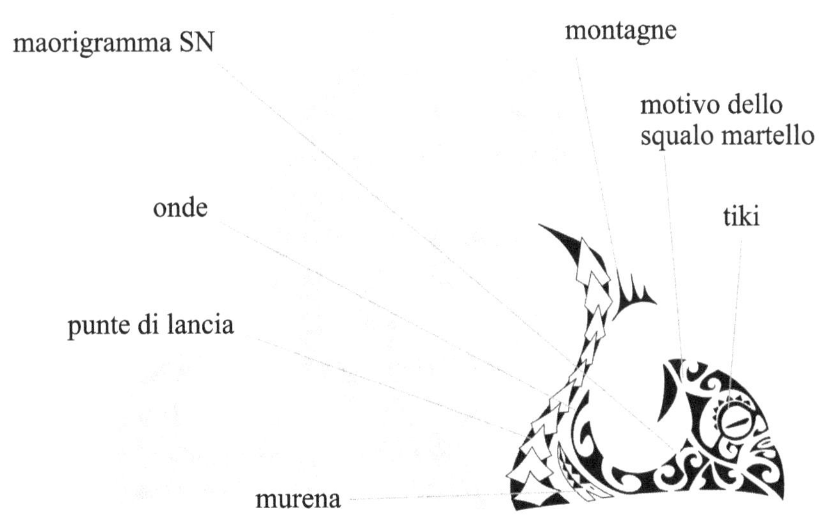

La fiamma esterna a sinistra rappresenta la nonna Purabi (abbiamo inserito il maorigramma della lettera P). La conchiglia rappresenta amore e rifugio sicuro, intimità, mentre i denti di squalo simboleggiano adattabilità e forza. Il *tiki* veglia su Poulomi e, in coppia con quello che rappresenta suo nonno sulla destra, la protegge da ogni lato nel passato e nel futuro.
Le fiamme dei suoi nonni sono posizionate alla base del disegno per abbracciarla ed essere il suo sostegno.

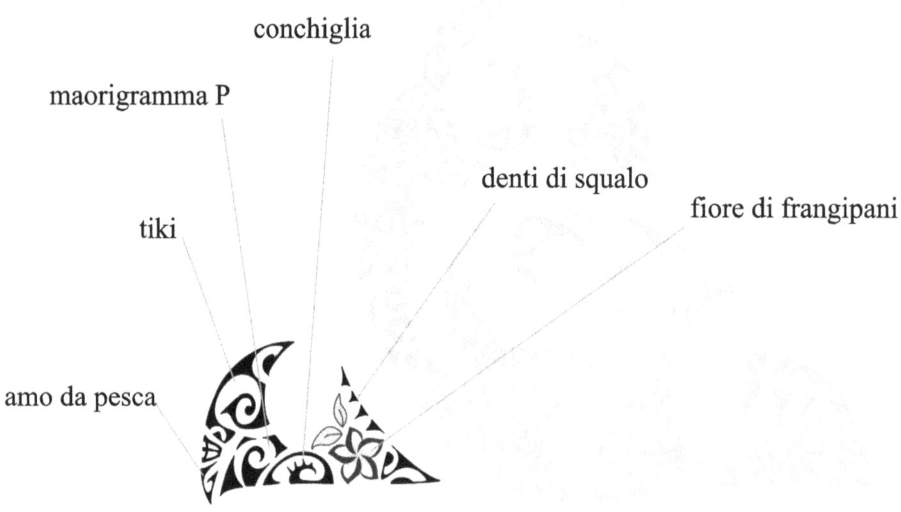

Kasturi è la madre di Poulomi (maorigramma K accanto al fiore): i due uccelli che si seguono simboleggiano che sarà sempre presente per aiutare sua figlia ogni volta che ne avrà bisogno. Alla sua sinistra, nella fiamma di Poulomi, le montagne indicano la stabilità che lei rappresenta.

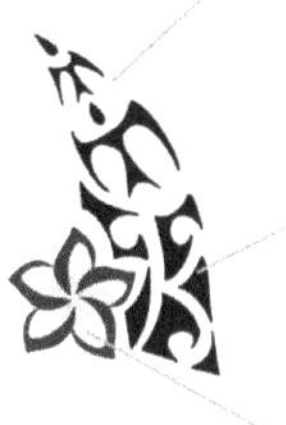

Salendo troviamo la fiamma del suo ragazzo: la conchiglia è per amore e intimità, le montagne per stabilità ed un twist per amore eterno ed unione. Una barca a vela stilizzata completa la fiamma insieme con i denti di squalo (protezione sul mare).

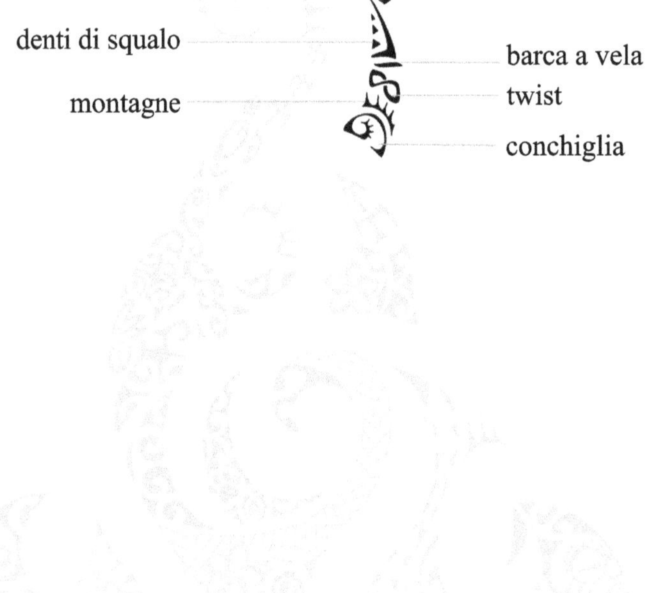

La barca a vela stilizzata e l'impronta della zampa non sono disegni polinesiani ma rappresentano un buon esempio di come anche elementi non tradizionali possano venire incorporati in un disegno più tradizionale senza compromettere l'aspetto generale del tatuaggio.

Le prime 4 fiamme circondano quella che appartiene a Poulomi perché rappresentano persone che la proteggono; un'ultima piccola fiamma è stata collocata all'interno della sua invece perché rappresenta il suo cane Khushi, che viene protetto da lei.
Ha un maorigramma K, la zampa e un occhio che-tutto-vede per allontanare il male. Le montagne sono per augurargli stabilità nei cambiamenti (le onde).

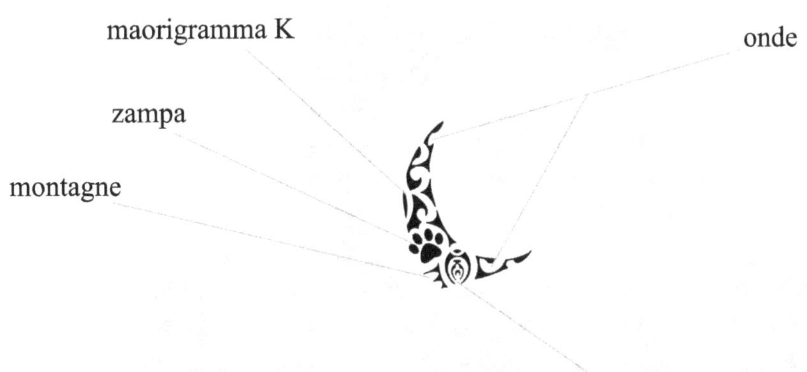

Tatuaggio per caviglia di Michelle

Michelle ha richiesto un disegno che si sviluppi intorno alla caviglia fino a salire sul piede, con tre fiori di frangipani (uno per i propri cari perduti e due per i suoi figli) e con simboli di nuovo inizio, amore per il mare, amore, forza, felicità ed equilibrio nella vita.

Elementi e significati richiesti:

tre fiori di frangipani, nuovo inizio, amore per il mare, amore, forza, felicità ed equilibrio nella vita, che si sviluppi su caviglia e piede.

passo 1: decidere gli elementi appropriati

Ipu: antenati
Sole: felicità
Denti di squalo: forza
Conchiglia: amore
Koru: nuovo inizio
Gabbiano: prospettiva più alta
Onde: il mare
Croce marchesiana: equilibrio
Motivo del guscio di tartaruga: famiglia
Fiori di frangipani

passo 2: disporli

Un fiore di frangipani più grande è stato posizionato sulla parte posteriore della caviglia perché è legato al passato rappresentando gli antenati (stesso significato ha il simbolo *ipu* su di esso, che rappresenta anche discendenza e fertilità).

Il sole intorno al malleolo (eternità e gioia) è formato da denti di squalo (forza, adattabilità) con un motivo di guscio di tartaruga che rappresenta la famiglia e unisce i frangipani degli antenati di Michelle con i due più piccoli dei suoi figli.

La conchiglia è per amore, intimità e rifugio sicuro, il *koru* è per la nuova vita e le onde sono state aggiunte per simboleggiare l'amore di Michelle per il mare.

Il gabbiano in alto rappresenta la libertà e guardare il mondo da un punto di vista più alto.

La croce marchesiana che unisce i due più piccoli frangipani dei figli di Michelle rappresenta equilibrio, unione e armonia, cioè quello che loro rappresentano per lei.

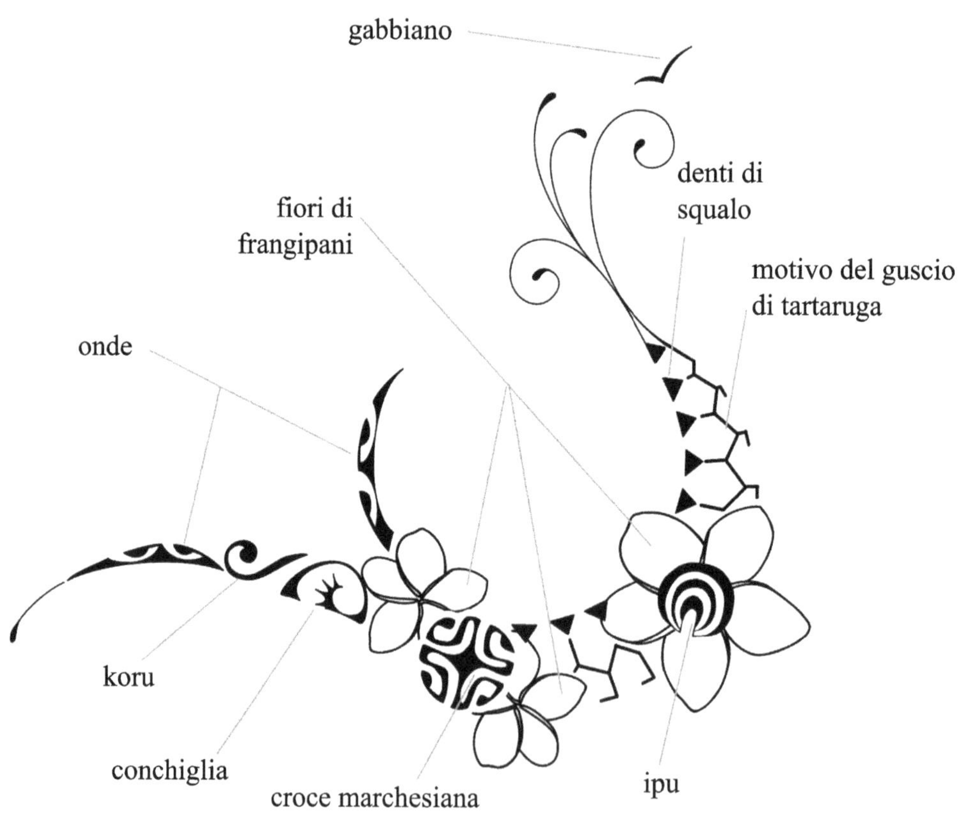

In questo caso abbiamo utilizzato di nuovo alcuni elementi non tradizionali per perfezionare il disegno (le linee sottili in alto); l'ispirazione è stata presa dai fiori di ibisco e la loro forma arrotondata le rende simili ai *koru*, con i germogli che crescono verso l'alto; rappresentano nuova vita e crescita.

Titiro, whakarongo, korero

“Guarda, ascolta, poi parla”

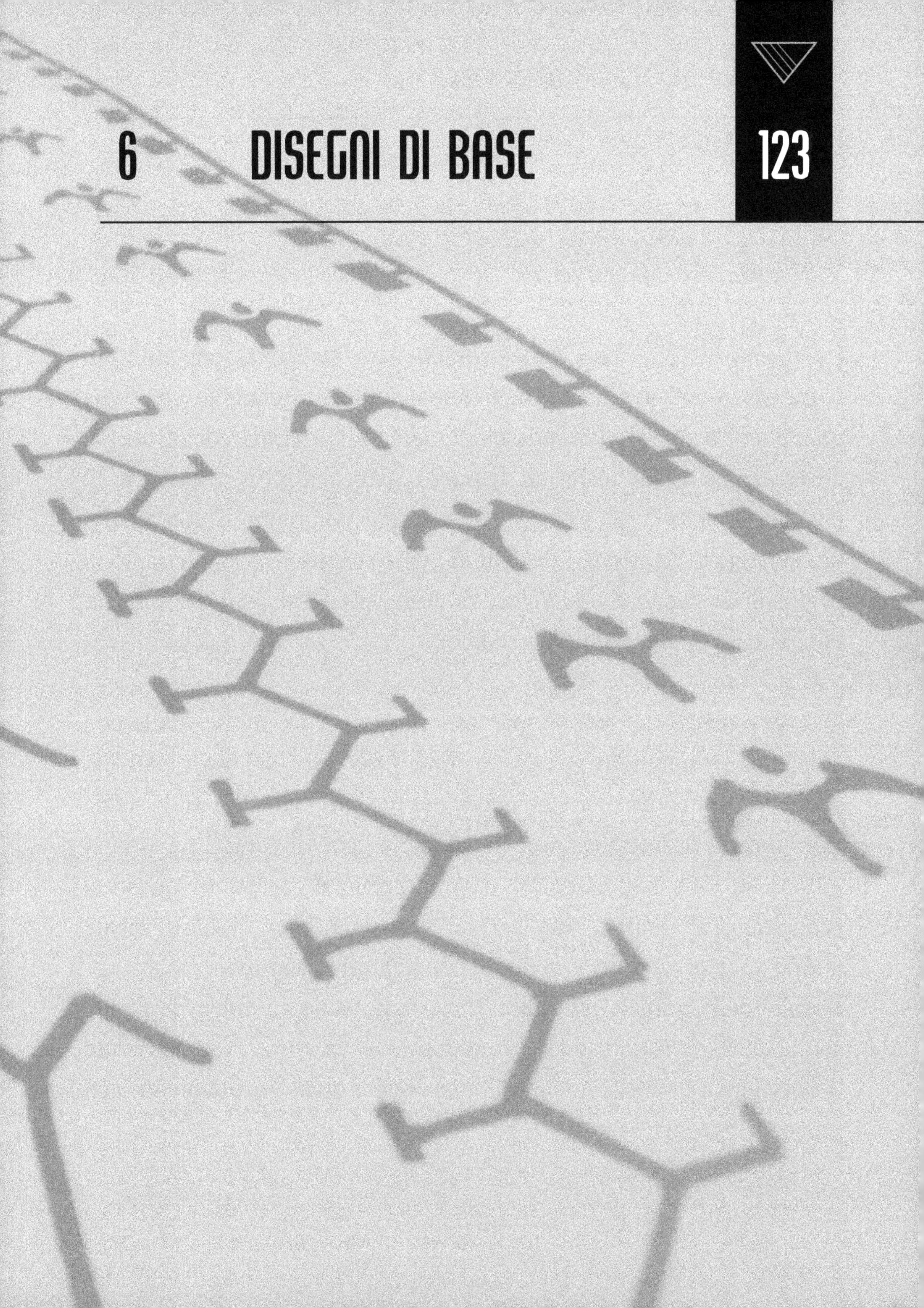

6 DISEGNI DI BASE

"Titiro, whakarongo, korerō"

—Guarda, ascolta, poi parla

I seguenti disegni sono molto semplici e possono essere utilizzati come "mattoni" per creare tanti nuovi tatuaggi quanti la creatività permetta. I contorni vuoti possono essere usati all'inizio del processo di creazione (vedi anche il capitolo precedente) per decidere il posizionamento degli elementi, per essere poi riempiti con motivi più dettagliati. Se userai i disegni di questo capitolo, ti suggeriamo di personalizzarli comunque invece di utilizzarli come sono per rendere ogni tatuaggio unico e più personale.

Queste sono alcune forme, ma crearne di nuove è molto facile con competenze minime di grafica e computer: cerca sul web una foto dell'animale che desideri includere nel tuo progetto. Più si avvicina alla forma desiderata, più sarà facile poi lavorarci. Se devi modificare una foto a colori ti suggeriamo di usare un qualsiasi programma di grafica, ma se stai preparando un disegno tribale allora la scelta migliore è lavorare con la grafica vettoriale.

Il bello della grafica vettoriale è che si possono cambiare le forme semplicemente trascinandone i contorni, senza eliminare, cancellare o ridisegnare niente, e anche ridimensionare qualsiasi elemento è un gioco da ragazzi.

I contorni ed i riempimenti delle forme possono venire facilmente mostrati e nascosti separatamente, in modo da poter semplicemente prendere l'animale desiderato, tracciarne il contorno (alcuni programmi hanno una funzione molto utile "vettorializza bitmap" che ti aiuterà in questa fase) e "spegnere" il riempimento. La tua immagine scontornata è ora pronta per essere incorporata come guida nel tuo nuovo disegno!

Uccelli

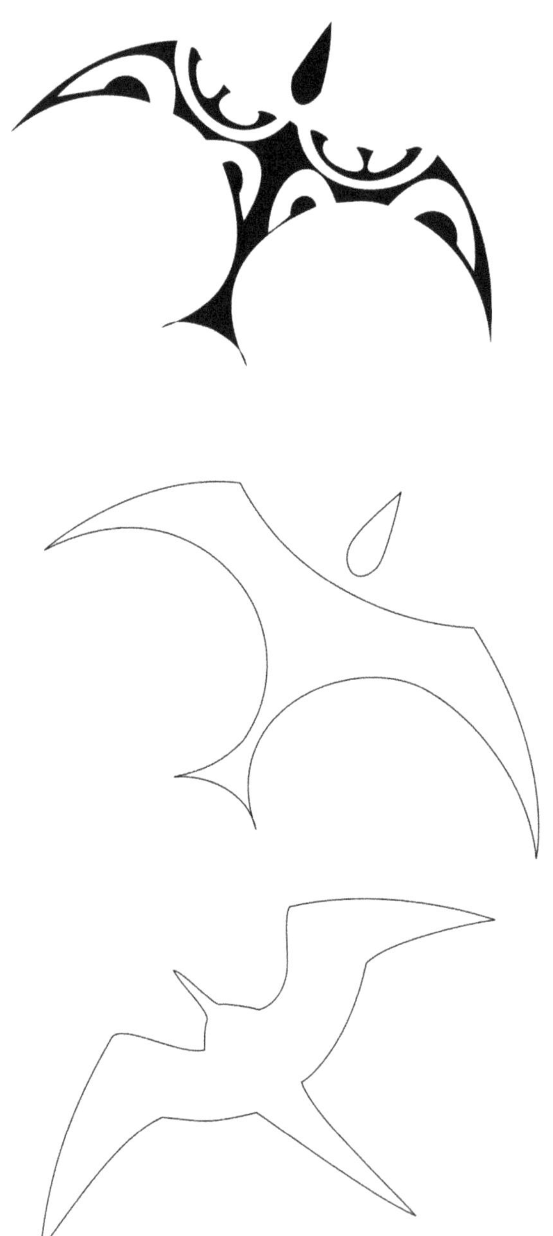

Mante

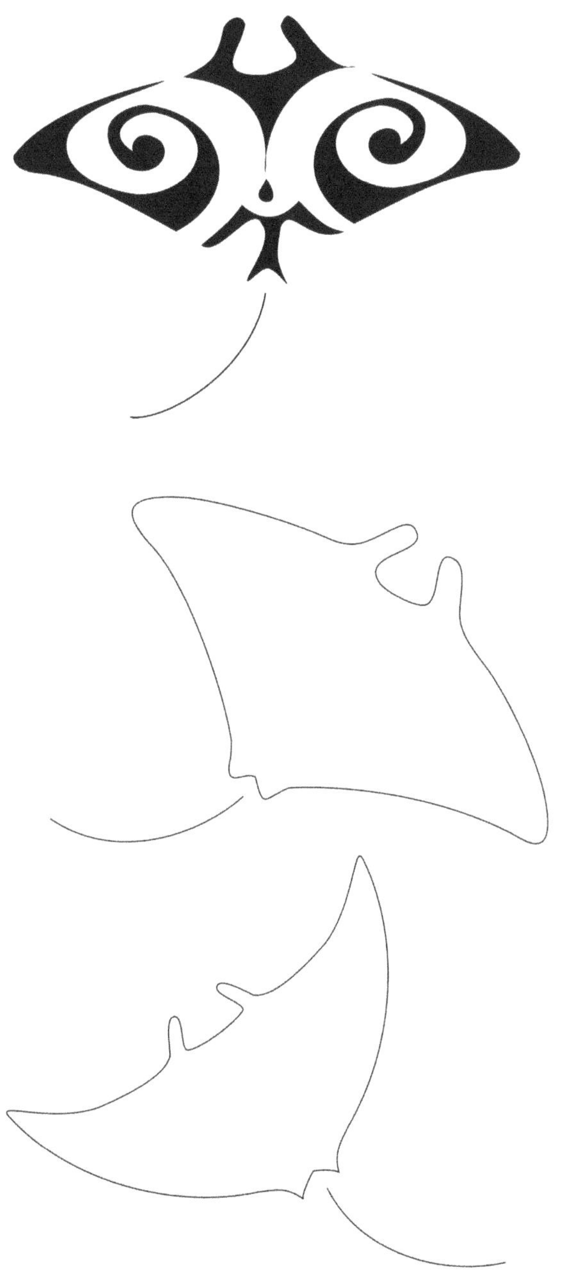

Squalo martello

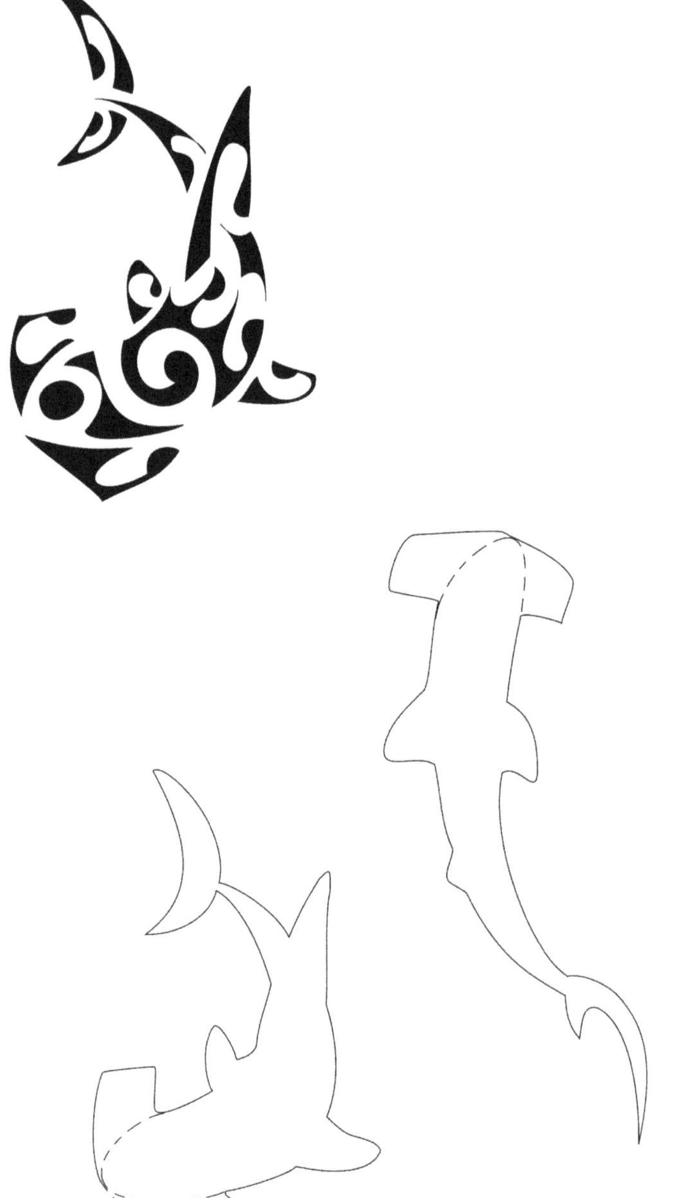

Delfini

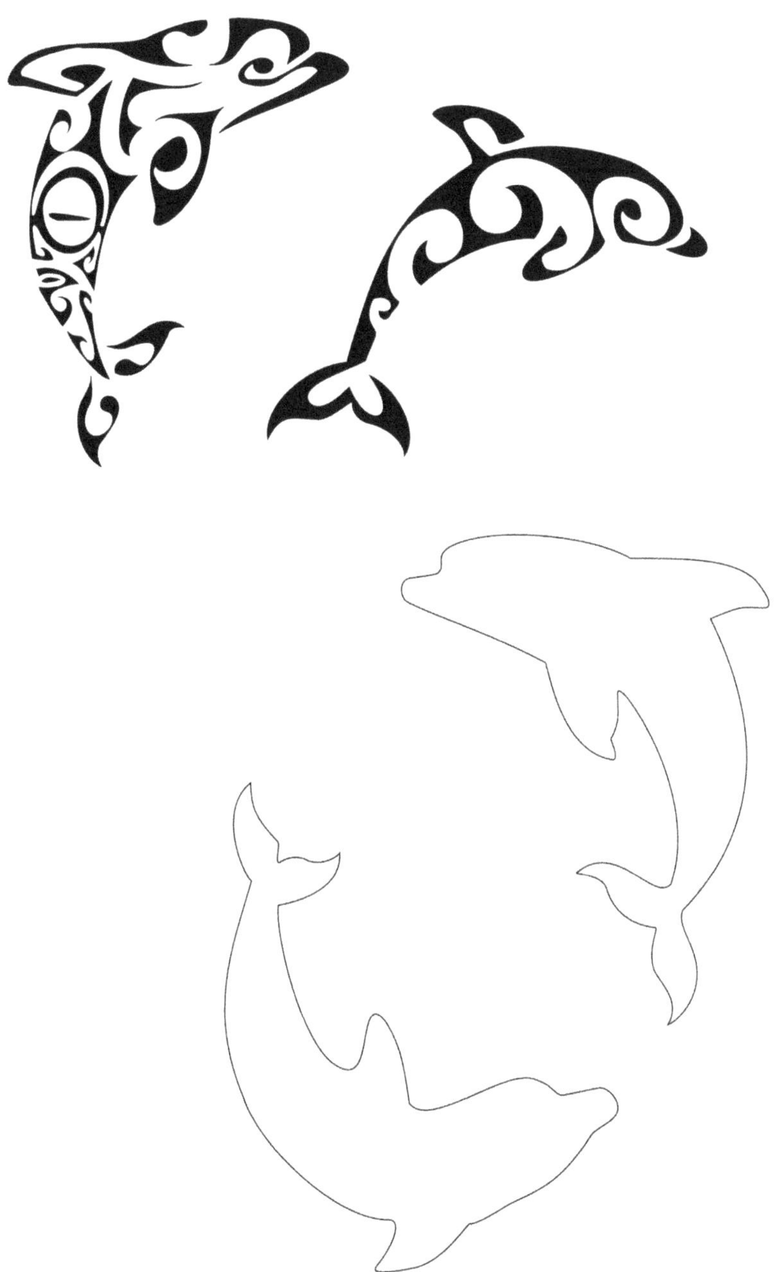

Tartarughe

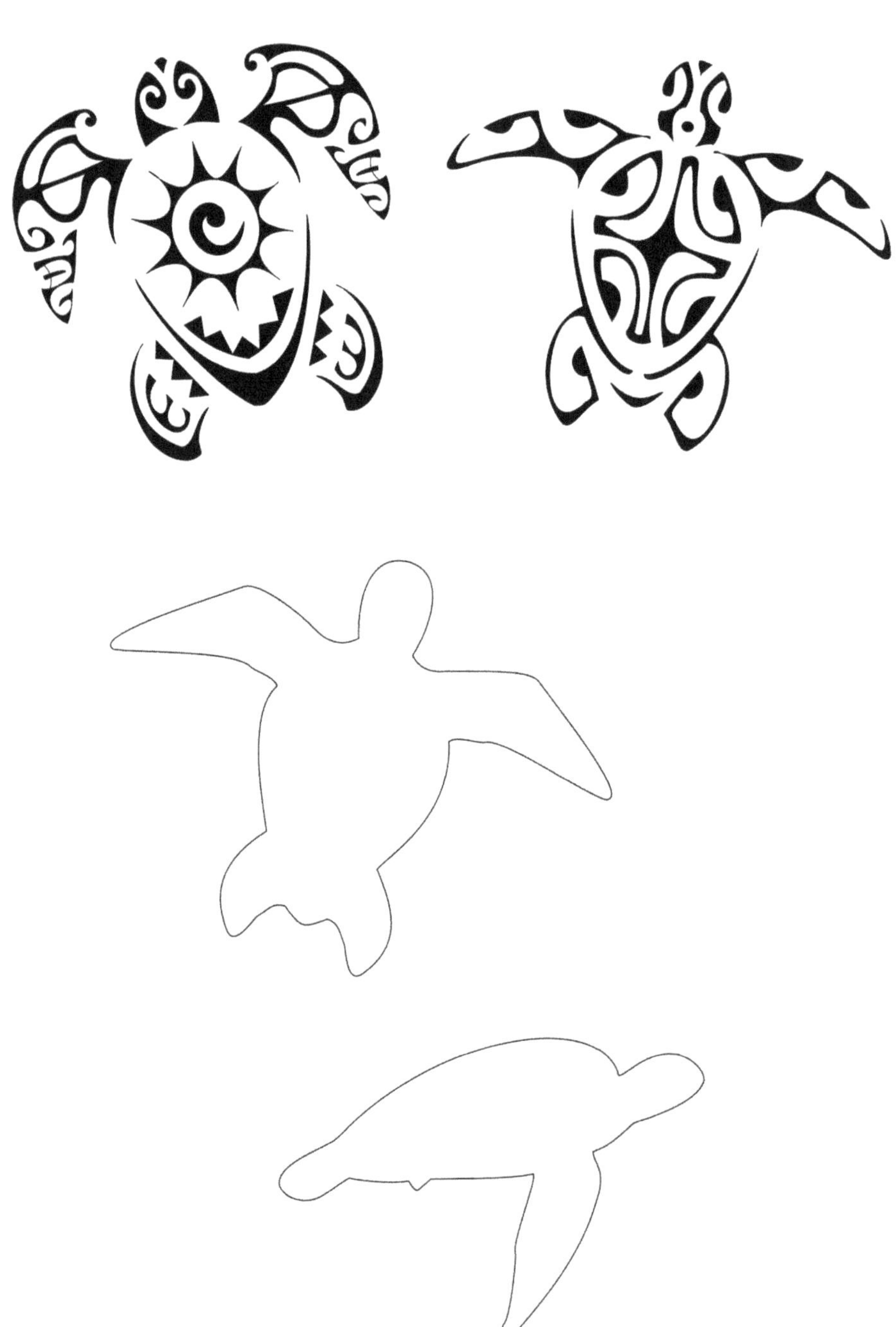

Cavallucci di mare

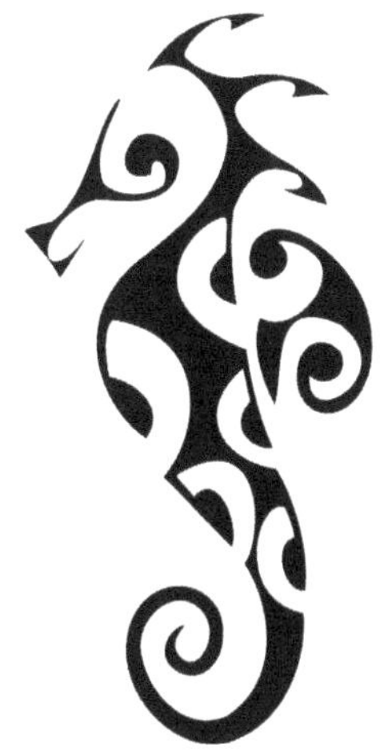

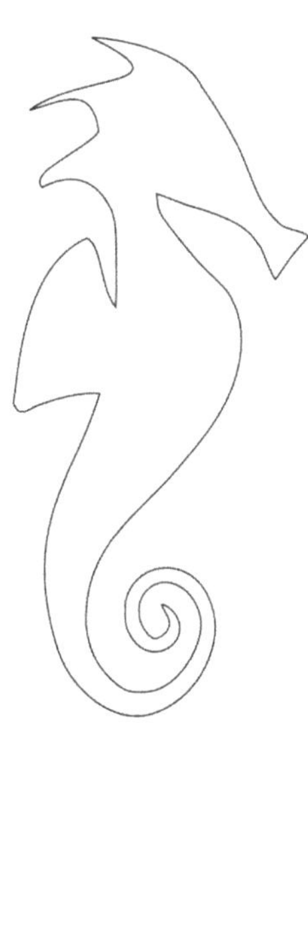

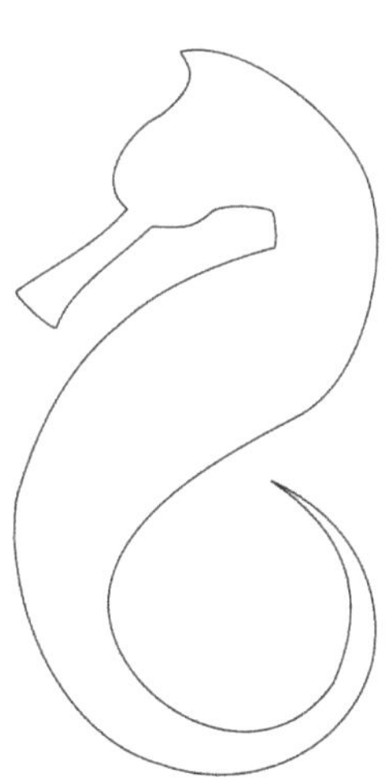

Geco / lucertola

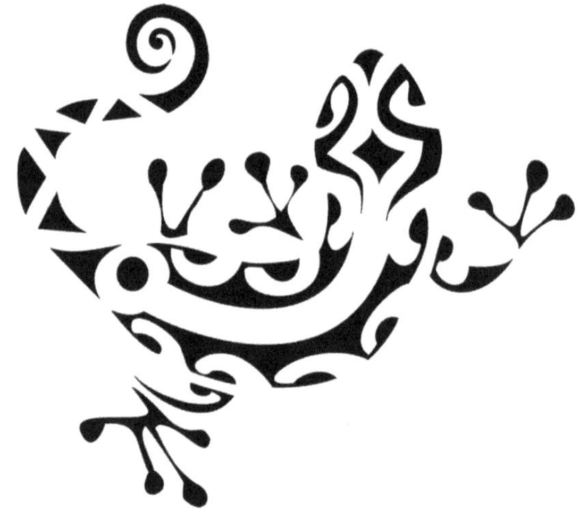

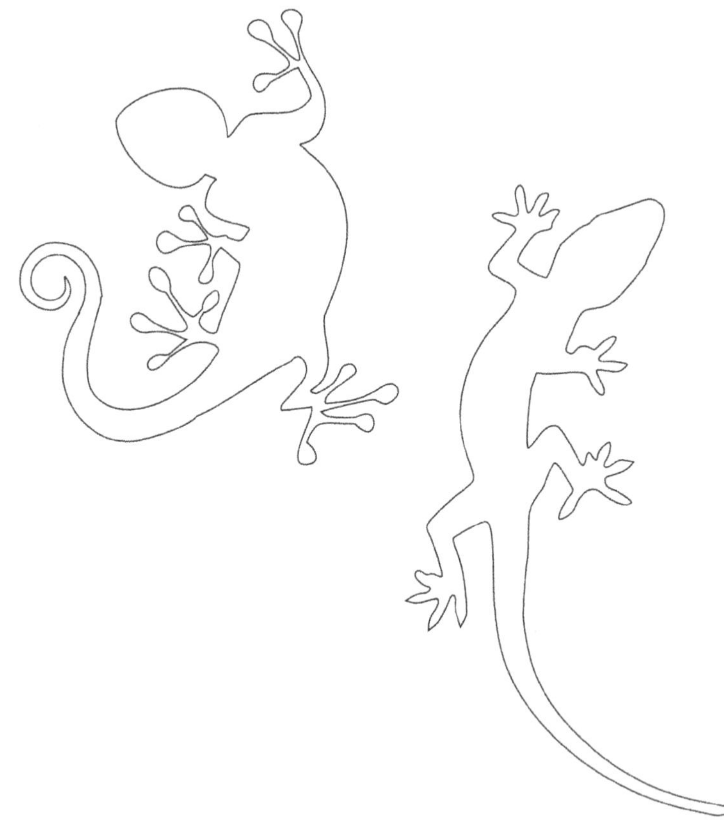

Rane

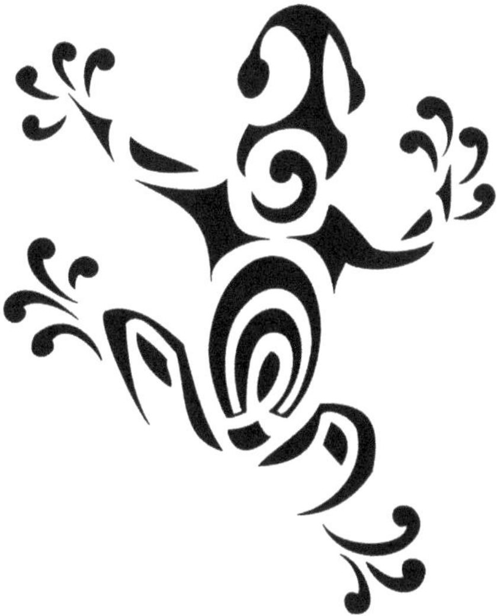

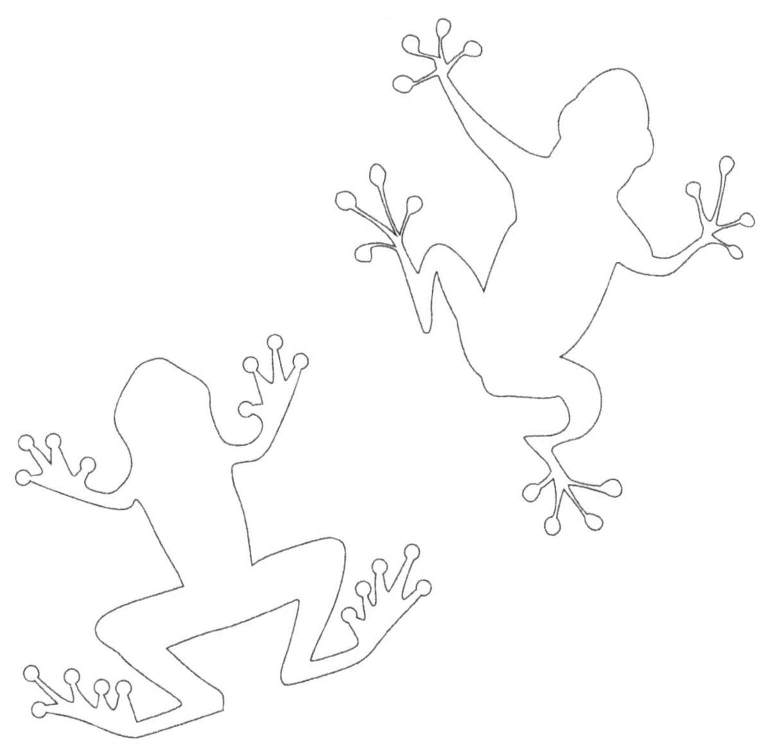

Pesce spada / Marlin

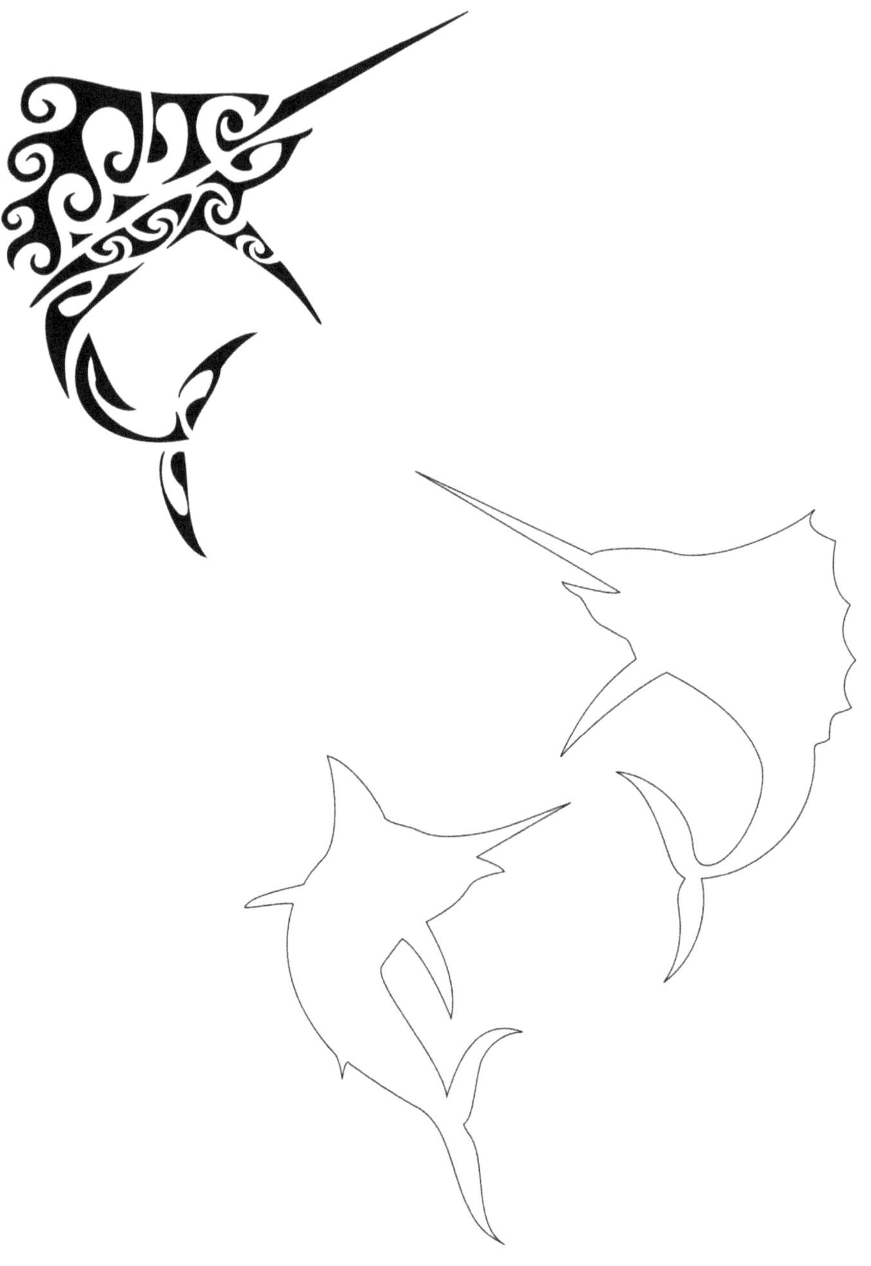

Medusa

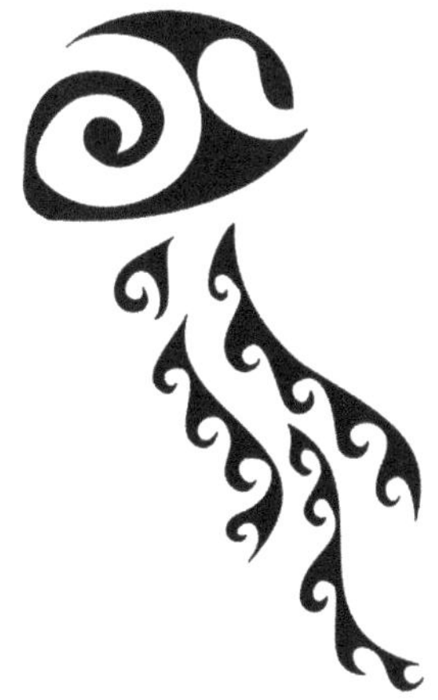

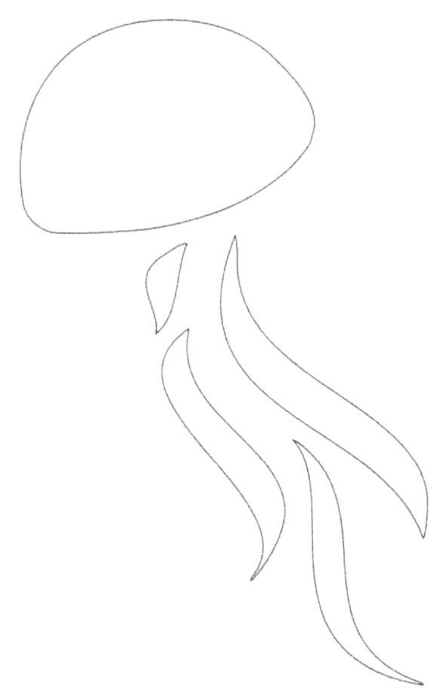

La prima cosa da sapere quando si scrive un nome in stile polinesiano è che i popoli polinesiani non hanno alfabeti scritti.
Non ci sono lettere usate dalle lingue polinesiane e bisogna quindi trovare un modo per integrare nei disegni le lettere di alfabeti esistenti.

Elementi di base

A TattooTribes abbiamo deciso di creare delle lettere componendole con elementi che di fatto appartengono alle culture polinesiane, scelti per la loro forma e significato: il *koru* e l'occhio di *tiki*; sono entrambe spiegati ampiamente nel capitolo 3.

Non ci sono forme fisse e non esistono modelli standard che non possano venire variati e modificati a proprio piacimento; questo permette di creare qualsiasi forma e qualsiasi alfabeto, semplicemente per mezzo di questa coppia di simboli, più facilmente quando si utilizza la versione stilizzata.
I *koru* in particolare sono adatti per ritagliare forme vuote da elementi pieni, come avviene effettivamente in molti disegni maori.
Per questo motivo, abbiamo chiamato questo tipo di scrittura "Maorigrammi".

Koru:

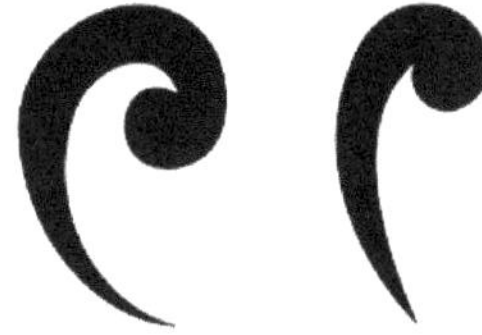

Occhio di tiki:

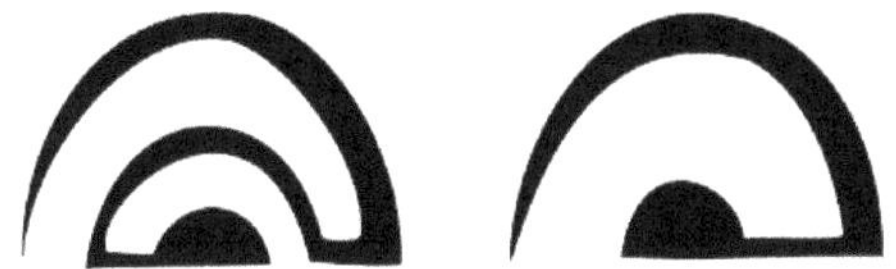

La migliore integrazione si ottiene ritagliando le lettere come spazi vuoti all'interno di un disegno che può essere di colore pieno o decorato con motivi tradizionali. Quest'ultima soluzione dà i migliori risultati estetici come si può vedere con l'alfabeto latino che segue nelle prossime pagine dove abbiamo affiancato alla semplice lettera posizionata a sinistra una versione corrispondente "ritagliata" e decorata con motivi tradizionali.

Alfabeto latino

A:

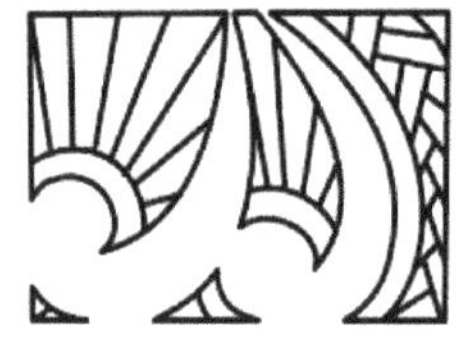

variante

B:

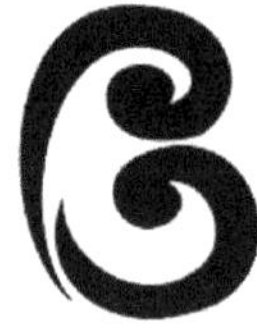
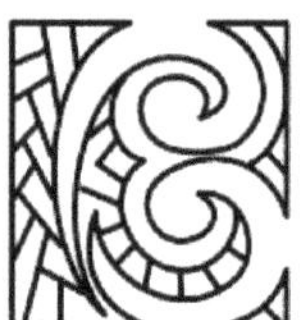

C:

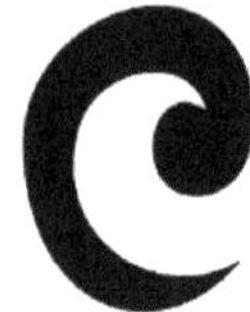
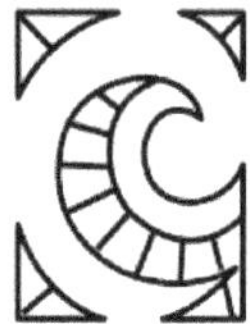

D:

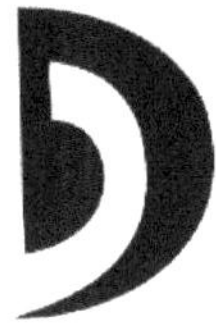
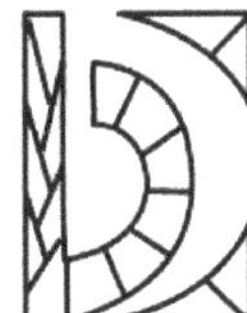

E:

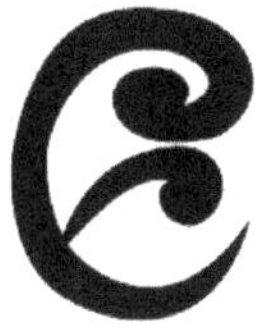
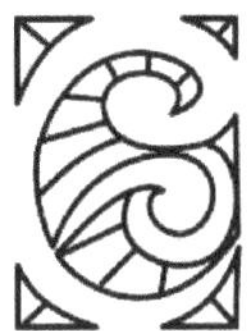

variante

F:

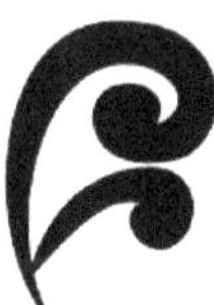

G:

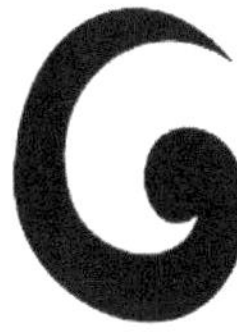
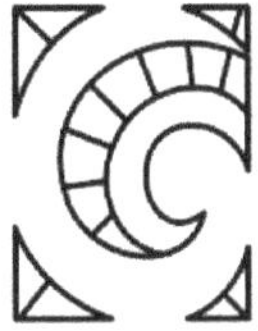

H:

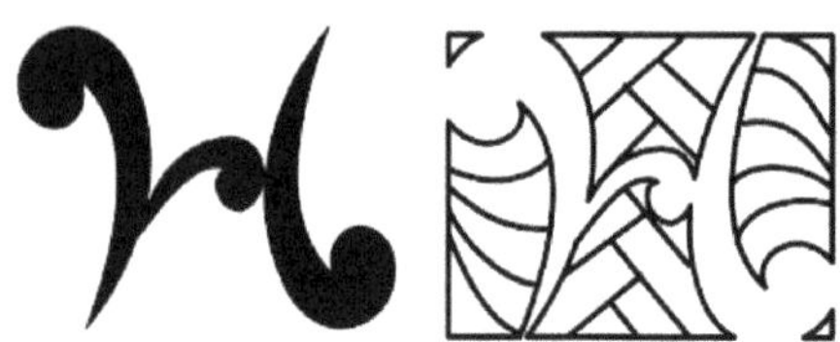

I:

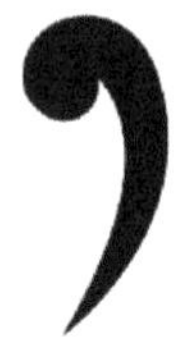
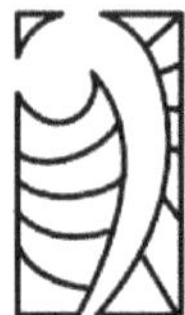

J:

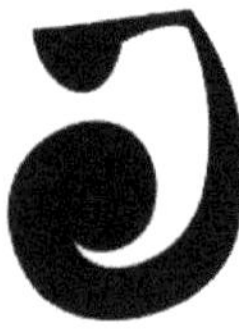
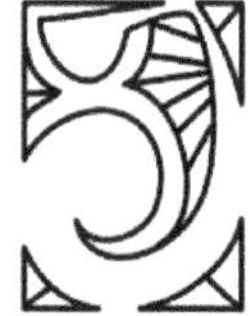

K:

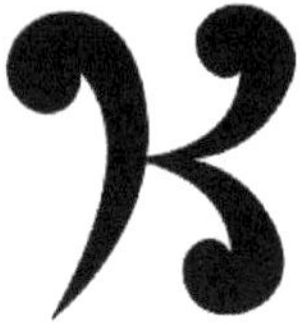

L:

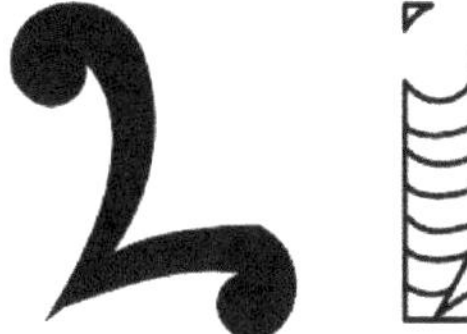

M:

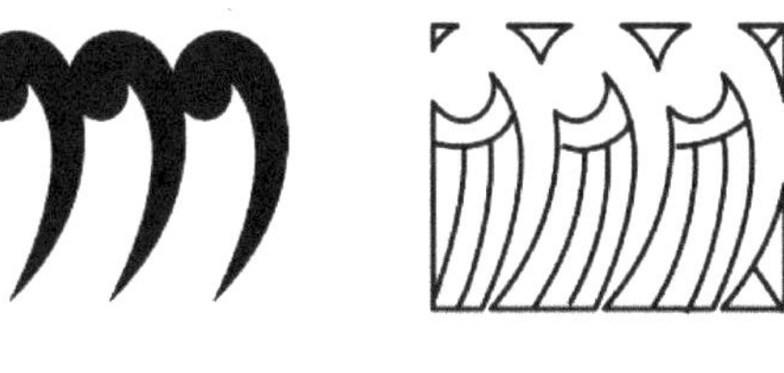

variante

N:

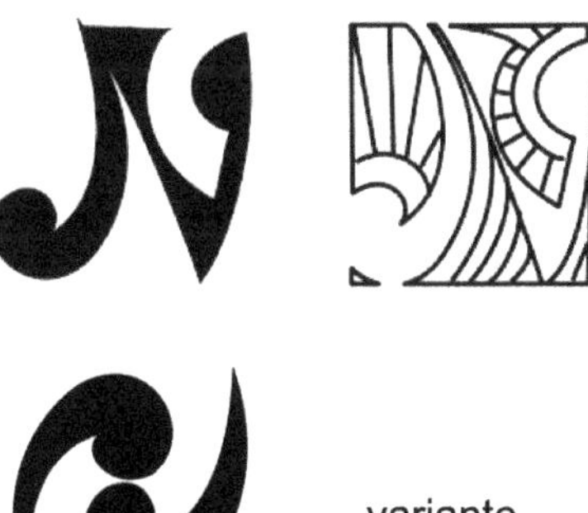

variante

O:

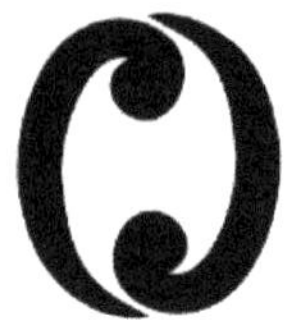 

P:

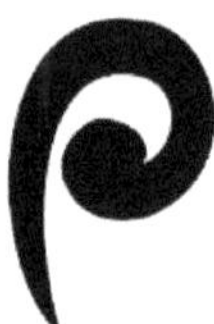 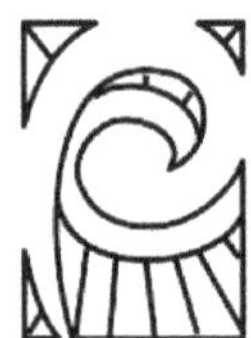

Q:

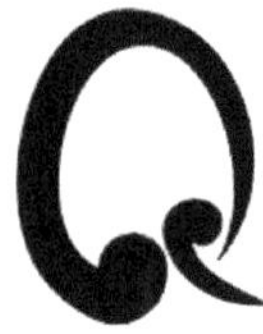 

R:

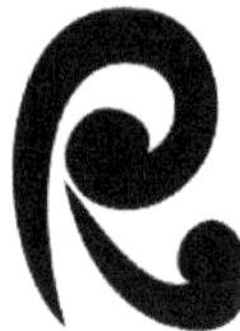 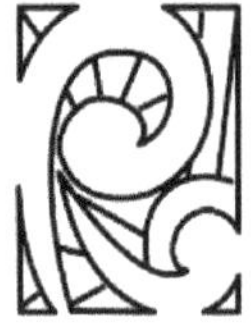

S:

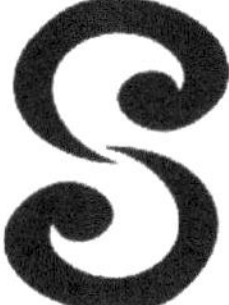

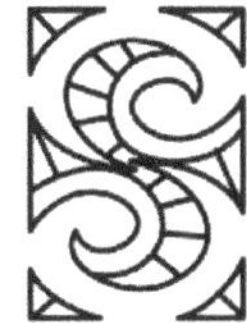

T:

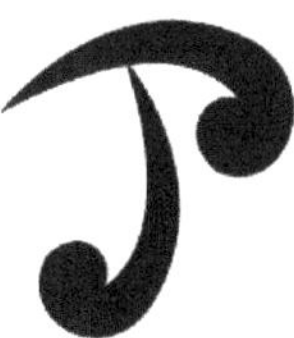

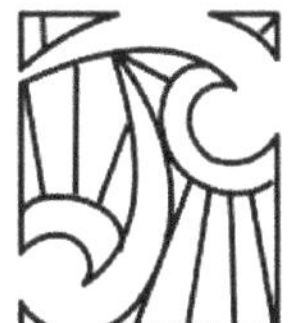

U:

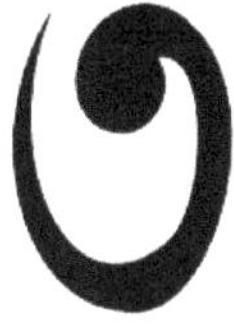

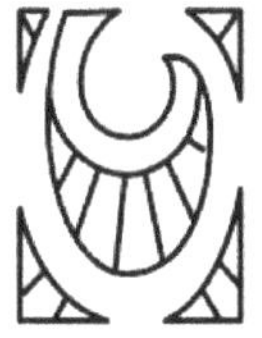

V:

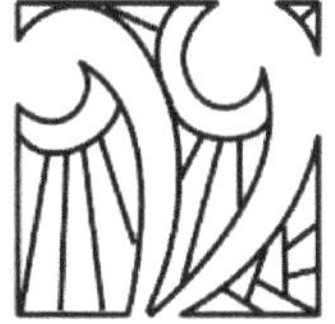

W:

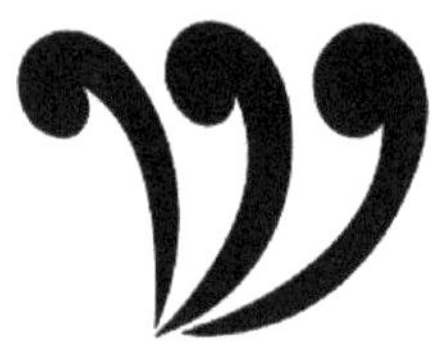 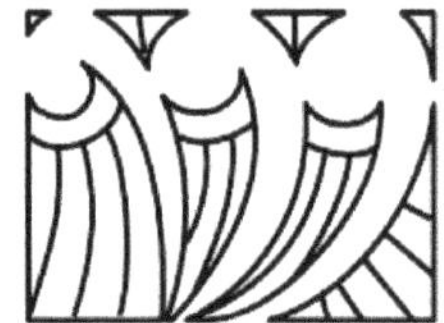

X:

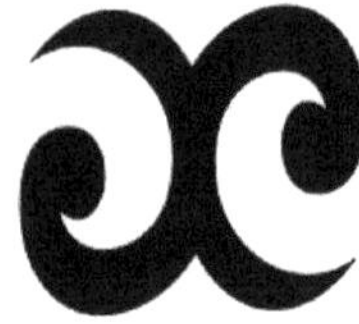 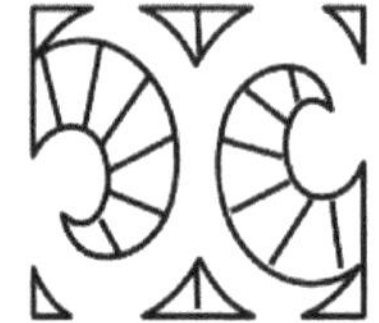

Y:

 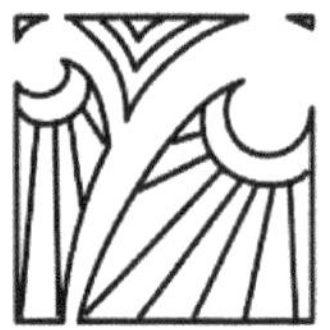

Z:

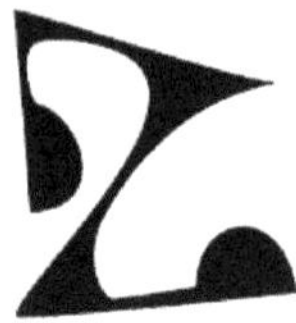 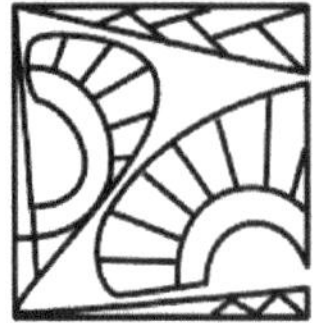

Il processo creativo

Quando si prepara un maorigramma è importante decidere quanto chiaramente vogliamo che siano visibili le lettere: un riempimento nero pieno le farà spiccare, rendendole più facilmente leggibili, mentre un riempimento tradizionale farà si che restino meno visibili e in parte mascherate nel disegno.
La seguente serie di tre diverse interpretazioni dello stesso nome "Bianca" mostra tre livelli incrementali di integrazione:

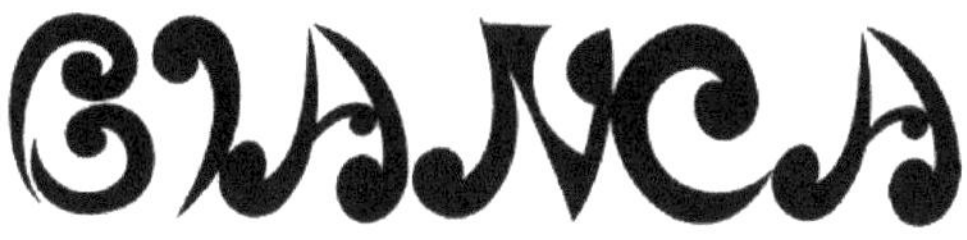

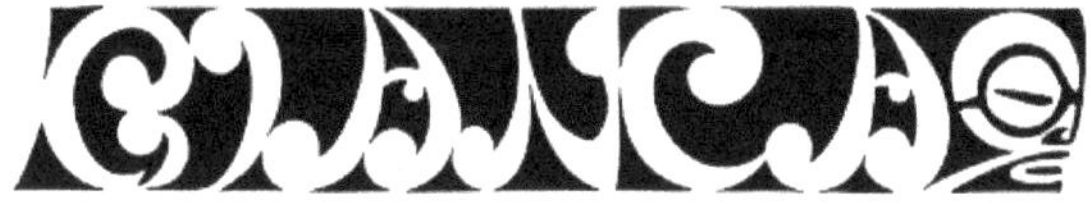

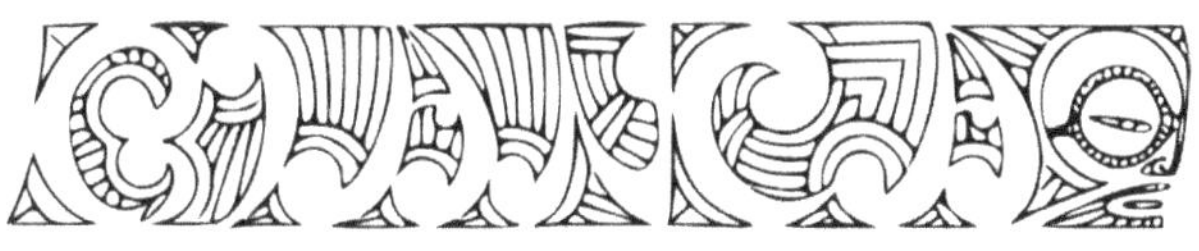

Come mostrato, elementi addizionali possono venire integrati nel disegno per aggiungergli significato. Nell'esempio precedente il *tiki* è stato aggiunto per proteggere Bianca.

Come procedere passo a passo per creare un maorigramma.

1. Delimita il percorso in cui andrà il maorigramma, ad esempio con due linee parallele (ma naturalmente qualsiasi forma può andare). Le linee aiuteranno a far sì che tutte le lettere abbiano la stessa misura. Questo percorso darà la forma finale al maorigramma:

percorso retto

percorso arrotondato

2. Inizia a comporre le parole con le lettere che hai creato. Ricreeremo qui di seguito il nome Bianca usando le lettere mostrate precedentemente. Inizialmente è sufficiente usare la versione base.
Posiziona le lettere affiancandole, lasciando un po' più di spazio per separare le parole, se sono più di una; dare un colore chiaro alle linee di percorso e alle lettere contribuirà a mantenere gli elementi finali chiaramente identificabili:

3. Ripassa con un colore più scuro i contorni di tutti gli elementi compresi tra le lettere e le linee di percorso:

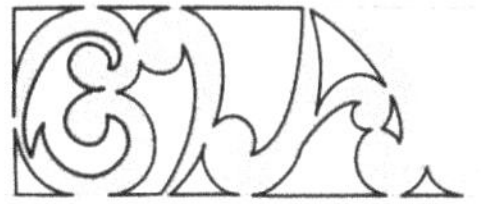

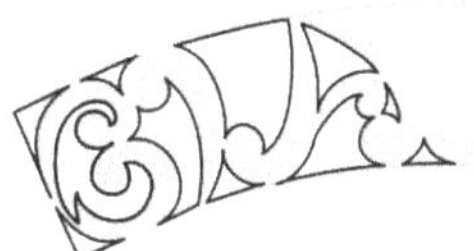

4. Rimuovi linee di percorso e lettere mantenendo solo gli elementi scuri e decidi il tipo di riempimento che preferisci. Il risultato finale sarà simile a questo:

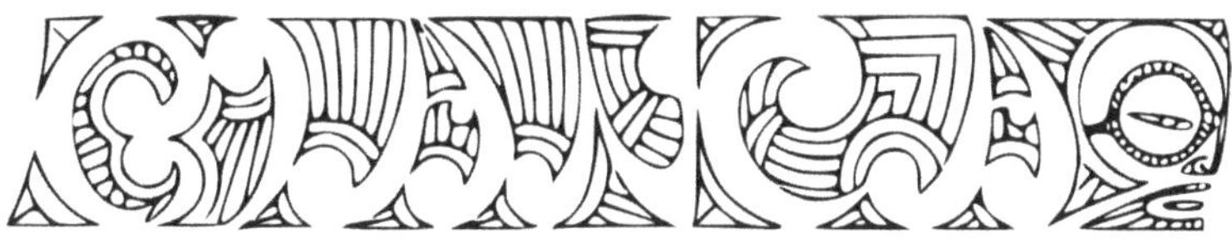

Nota: le lettere che abbiamo preparato possono essere utilizzate così come sono nella versione semplice, piena, come una guida per creare i propri maorigrammi. Le versioni decorate sono solo per mostrare come possono apparire, per dare idee, ma non funzionerebbero bene per preparare un maorigramma decorato in stile tradizionale venendo semplicemente collocate una accanto all'altra: per creare un disegno organico le parti piene tra le lettere ritagliate non devono avere discontinuità evidenti, presentando invece un riempimento omogeneo. Segue un esempio di come apparirebbe il nome "Bianca" se le lettere decorate venissero semplicemente collocate fianco a fianco. Confrontandolo con l'esempio subito sotto è facile rendersi conto di quanto il riempimento possa contribuire all'aspetto del disegno.

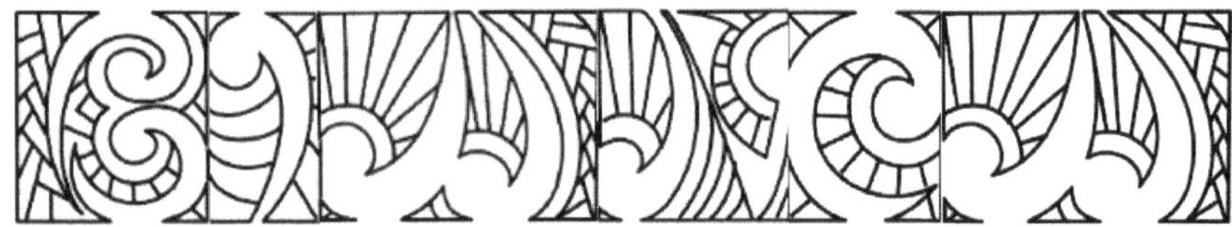

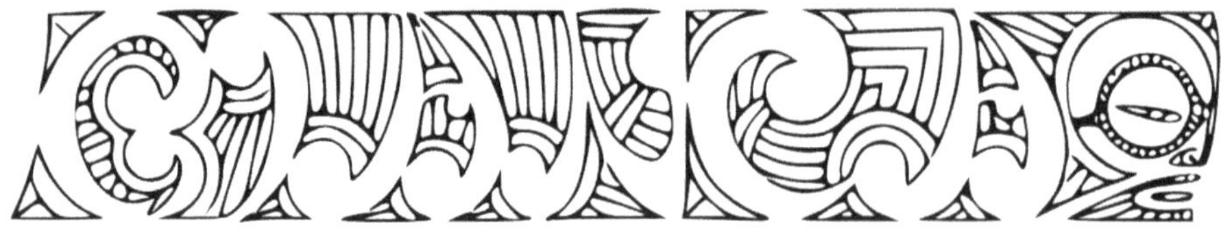

Esempi

[1] **Bracciale MPG**

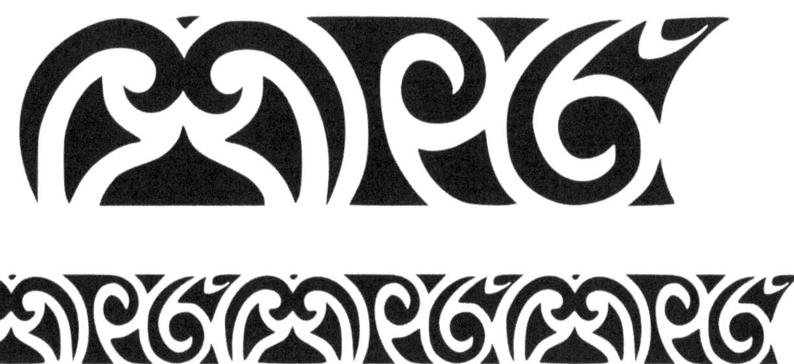

[2] **Libellula**

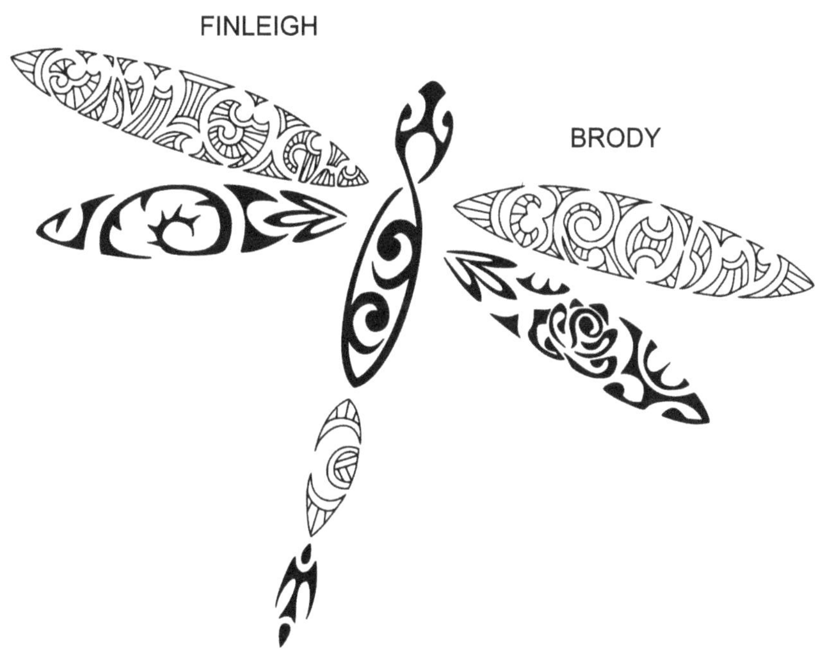

[3] Frasi latine

MEMENTO AUDERE SEMPER

FABER EST SUAE QUISQUE FORTUNAE

[4] **Sole-luna**

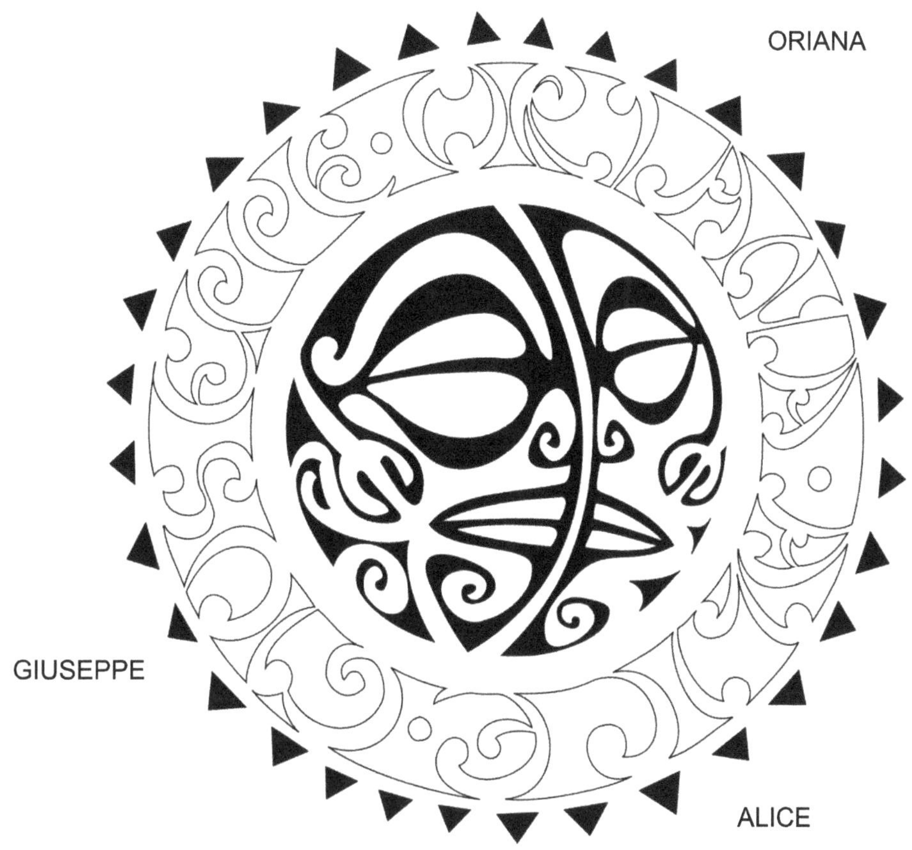

[5] Tartaruga Balboa

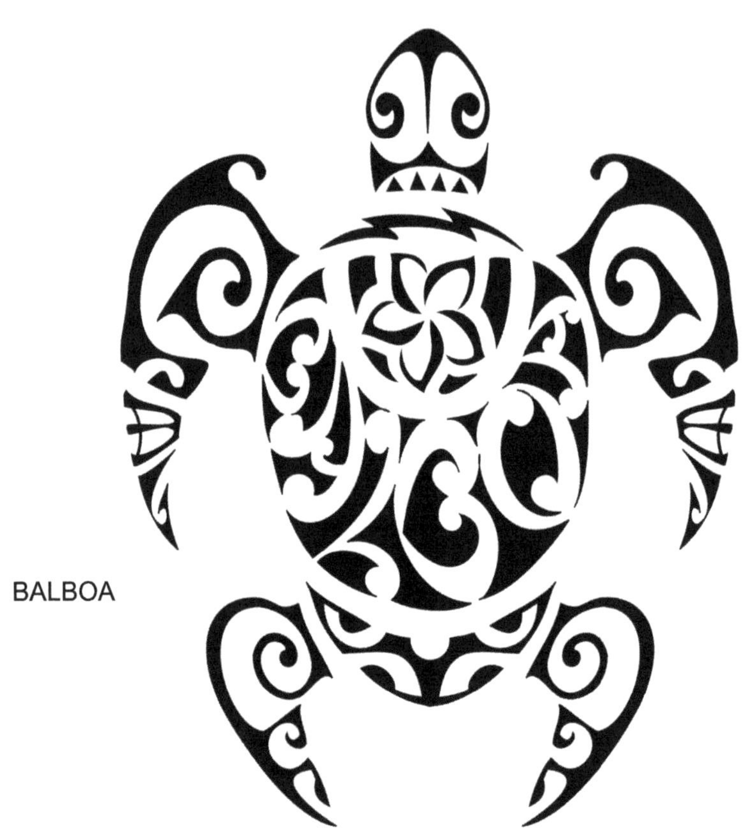

BALBOA

Tattoo traditions of Hawaii - *T. Allen: Mutual, 2006*

The journals of Captain Cook on his voyages of discovery - *J.C Beaglehole: The Hakluyt Society, 1967*

Polynesians: Prehistory of an Island People (Ancient Peoples and Places) - *P. Bellwood: Thames & Hudson, 1987*

Tattoos from Paradise: traditional Polynesian patterns - *M. Blackburn: Schiffer Publishing Ltd, 1999*

Oceanic Mythology - *Roland B. Dixon: Forgotten Books, 2010 reprint of 1916 edition*

An account of the Polynesian race: Its origin and migrations, and the ancient history of the Hawaiian people to the times of Kamehameha I - *A.Fornander; General Books reprint, 2010*

Wrapping in images: tattooing in Polynesia - *A. Gell: Clarendon Press, 1993*

Tattooing in the Marquesas - *W.C. Handy: B.P.Bishop Museum Bulletin no.1, 1922*

The Pacific Arts of Polynesia and Micronesia - *A.L. Kaeppler: Oxford University Press, 2008*

Adorning the World: Art of the Marquesas Islands - *E. Kjellgren and C.S. Ivory: Metropolitan Museum of Art, 2005*

The Hawaiian tattoo - *P.F. Kwiatkowski: Halona Inc., 1996*

Moko or Maori Tattooing - *H.G. Robley: Chapman and Hall Ltd, 1896*

L' art du tatouage aux îles Marquises - *K. Von den Steinen trad. par Denise et Robert Koenig: Haere Po, 2007*

TattooTribes.com
2016

www.ingramcontent.com/pod-product-compliance
Ingram Content Group UK Ltd.
Pitfield, Milton Keynes, MK11 3LW, UK
UKHW061701190726
13853UKWH00008B/2338